KB059335

같이 식사합시다

같이 식사합시다

정치 역시 음식과 같다. 다만 정치와 음식이 같으면서도 다른 점이 하나 있다면, 국민은 정치라는 음식의 요리사이자 소비자이기도 하다는 사실이다

이광재 지음

내가 끝내 고집하는 레시피가 있다. 첫 마음을 잃지 않겠다는 다짐. 역사를 배신하지 않으려 나 자신에게 단호했던 것처럼 국민을 배신하지 않겠다는 레시피

앞치마를 둘러매고 조리대 앞에 선다. 동료들과 둘러앉아 "국물 맛이 시원해서 좋네" 하며 고개를 끄덕인다. 세상도 정치도 좀 푸근해졌으면 하는 바람이다

시공사

말썽꾸러기 아들을

변함없이 지켜주시는

아버지 이강원 님과

어머니 연명순 님께

음식과 요리, 식당, 그리고 정치에는

비슷한 점이 많은 것 같다.

잘하는 사람이 있고, 잘 먹는 사람이 있으며,

잘 설명하는 사람이 있다.

다만 정치와 음식이 같으면서도

다른 점이 하나 있다면,

국민은 정치라는 음식의 요리사이자

소비자이기도 하다는 사실이다

세상도 정치도 좀 푸근해졌으면 좋겠다

식당에서 음식을 먹다가, 혹은 TV에 요리 관련 프로그램을 보다가 문득 생각한다.

"저런 건 나도 만들 수 있겠다."

하지만 그 '저런 거', 쉽게 만들어지지 않는다. TV에 나오는 어떤 분은 "참 쉽쥬?" 하면서 아무렇지도 않은 듯 요리조리 뚝딱 만들어내는데, 내가 만들면 '간장과 설탕이 몇 대 몇이라고?' '약한 불에 몇 시간 끓여야 한다고?' 하면서 마치 과학 실험을 하는 듯 애써 만들어야 한다. 그래도 '맛있다'라는 그 맛이 쉽게 나오지 않는다. 식당에서 하찮게 보았던 음식도 인터넷에서 조리법을 찾아 만들어도 '나도 만들 수 있겠다' 생각하던 그 맛을 넘어서지 못한다. 어머니께서 끓여주신 애호박된장국 맛이 삼삼히 떠올라 "엄마 그거 어떻게 만들어?" 하고 여쭈어 만들어보아도 그 맛이 나오지 않는 것은 당연하다.

정치도 똑같지 않을까 하는 생각을 할 때가 있다.

"저런 사람이 정치를 한다면, 나도 그보다는 잘할 수 있겠다."

이런 말씀을 들을 때마다 송구스러워진다. 나도 '저런 사람' 범주 안에 들어가는 사람이기 때문이다. 하지만 나도 잘할 수 있겠다고 생각하는 그 정치, 직접 해보면 그리 쉽지는 않다.

정치인들의 면면을 보면 개인으로는 참 훌륭한 분들이 많다. 모두 화려한 경력과 능력을 갖추었다. 하지만 '정치권'이라는 영역 안으로만 들어가면 사람이 달라지는 경우를 종종 발견한다. 그것은 정치가 개인이 하는 기술이 아니기 때문이다. 집단이 함께하는 일이고, 종국에는 사회를 움직여야 하는 종합 예술과도 같은 일이다. 정치 그거, 만만히 볼 것만은 아니다.

✿✿✿

    음식과 요리, 식당, 그리고 정치에는 비슷한 점이 많은 것 같다. 잘하는 사람이 있고, 잘 먹는 사람이 있으며, 잘 설명하는 사람이 있다. 한편으로 잘 경영하는 사람도 있다. 요리를 잘한다고 식당을 잘 운영하는 것이 아니다. 단품으로 공들여 만드는 요리와 상업적으로 많이 만드는 요리는 성격이 다르기 때문이다. 주문이 밀려들면 허둥대는 요리사가 있고, 단독으로는 요리를 잘하는데 다른 요리사와 늘 갈등을 빚는 요리사도 있다. 셰프로는 그다지 인정받지 못했어도 프랜차이즈를 성공적으로 이끈 외식업 경영인 또한 있다.

    음식의 맛은 지극히 주관적 영역이라, 나는 입도 대지 못할 정도로 매운맛을 내는 떡볶이 가게인데 문전성시를 이루는 경우가 있고, 내 입맛에는 딱 좋았는데 금세 문을 닫아 아쉬움을 남긴 식당도 있다. 대중의 평균적 입맛을 가늠해 장사하는 식당이 있고, 일부 마니아층을 겨냥한 식당이 있을 수도 있다. 이 음식은 틀렸다거나, 저 식당은 이유도 없이 잘되는 경우는 없다.

정치 역시 그렇다. 다만 정치와 음식이 같으면서도 다른 점이 하나 있다면, 국민은 정치라는 음식의 요리사이자 소비자이기도 하다는 사실이다. "왜 정치가 이 모양이냐"라는 푸념이나 비판은 어쩌면 자신에게 되묻는 질문일 수도 있다. 국민은 정치를 향유하는 N분의 1의 소비자이기도 하지만 정치를 만들어내는 N분의 1의 생산자이기도 하다. 물론 "나는 이렇게 만들고 싶지 않았는데 결과가 왜 이 모양이냐"라는 반론 또한 충분히 수긍한다. 그러한 목소리를 조화롭게 융화해나가는 것이 정치인의 역할이 아닐까 생각한다.

❖❖❖

노무현의 보좌관으로 시작해 30년 남짓 정치인으로 살며 여러 권의 책을 냈지만 내가 보아도 좀 딱딱하고, 때로 지나치게 격식을 차린 책도 있었다. 그다음에는 지금까지와는 다른, 훨씬 부드러운 쿠키를 만들어보겠다는 생각을 늘 마음에 품고 있었다. 마침 국회 사무총장에 임명되었다. 막중한 임무이지만 무소속이라는 자유를 처음으로 얻는 기회이기도 했다(국회 사무총장은 재임 중에는 당적을 내려놓아야 한다). 마치 소속 없는 요리사가 된 기분으로 세상을 관조하며 '방랑식객'처럼 책상 앞에 앉았다. 음식을 소재로 정치를 풀어보았다.

지금 우리 사회가 겪는 이러저러한 위기는 "변화하는 시대에 우리는 무엇으로 먹고살 것인가?"라는 질문에 정치가 답을 주지 못한다는 불신과 불안, 불만에 있다. 그러한 3불不은 무엇보다 내가 먼저 반성하고 성찰하는 자세를 가져야 풀릴 수 있다는 생각으로 그동안 살아온 인생의 궤적을 돌아보았다. 글을 쓰면서 스스로 낮추고 마음을 비우려 노력했는데, 그것이 잘 이루어졌는지는 모르겠다.

국회 사무총장실은 여의도 국회의사당 안에 있다. 점심 때가 되면 각 빌딩에서 일하던 직장인들이 "오늘 뭐 먹지?" 하면서 거리로 쏟아져나온다. 으르렁거리며 싸우던 정치인들도 그 시간에는 똑같은 '배고픈 사람'의 모습으로 나란히 식당으로 향한다. 음식과 정치를 엮어 생각하다 보니, 이런 풍경이 새삼 다르게 보였다.

먹고사는 일에는 좌도 없고 우도 없다. 보수도 없고 진보도 없다. 오늘을 살고 내일을 준비해야 한다는 인간의 지극한 본능이 있을 따름이다. 그것이 정치다.

앞치마를 둘러매고 조리대 앞에 선다. 혹은 잘 차려진 밥상 앞에 앉는다. 동료들과 둘러앉아 "국물 맛이 시원해서 좋네" 하며 고개를 끄덕인다.

세상도 정치도 좀 푸근해졌으면 하는 바람이다.

2023년 11월

이광재

골목에 다다르면

길이 끝난 것처럼 보이지만

모퉁이를 돌면 또 다른 길이 나온다.

길이 없으면 길을 만들면 된다

첫 번째 맛

...

**할머니,
라면 있어요?**

새우 라면

대학에 다니는 아들과 맥주 한잔을 하면서 5·18 광주 민주화 운동, 87년 6월 항쟁 등에 대한 이야기를 나눌 때였다. 아들이 갑자기 물었다.

　"아빠는 83학번이지요?"

　"응… 갑자기 그건 왜?"

　아들의 느닷없는 질문이 이어졌다.

　"6·25가 일어나고 몇 년 후에 아빠가 대학에 입학한 거예요?"

　영문을 모르는 질문에 일단 있는 그대로 답했다.

　"한국 전쟁이 1953년에 끝났으니까, 딱 30년 후에 입학한 거지."

　아들이 말했다.

"제가 5·18에 대해 느끼는 거리감이 아빠가 6·25에 대해 느끼는 거리감보다 길어요."

뒤통수를 한 대 얻어맞는 기분이었다. 과연 그랬다. 내가 대학에 입학했을 때는 전쟁이 끝나고 딱 30년 지난 뒤였다. 지금은 5·18이 끝나고 40년도 더 지났다.

내가 대학에 다닐 때 어른들은 전쟁 시기를 회고하며 "너희들은 빨갱이를 몰라" 또는 "인공 치하를 몰라" 하면서 우리 세대를 질책하곤 하셨다. 그럴 때마다 '언제의 6·25를 끌어와 아직도 말씀하시나' 싶었는데 지금 젊은이들이 우리 세대에게서 5·18이나 6월 항쟁에 대해 듣는 기분이 그것과 비슷하겠구나 싶다. 그렇다고 5·18과 6월 항쟁을 잊자는 말이 아니다. 일부 편향된 사람들이 말하는 대로 "6월 항쟁이 끝난 지 얼마나 지났는데 아직도 그때의 경력을 앞세우느냐"라는 식의 비난에 동조하려는 뜻도 아니다. 어찌 되었든 시대가 그만큼 지났다. 이제는 과거가 아니라 다가올 미래를 중심으로 우리 시대의 의제를 설정해야 하지 않겠나 반성하는 마음이 든다. 아들에게 크게 한 수 배웠다.

♢♢♢

　어쩌다 보니 나는 이른바 86세대(1980년대 학번, 1960년대 출생)
정치인의 대표적 인물처럼 되었다. '86세대 정치인'이라고 하
면 좌경적인 사상에 빠졌던 사람으로 취급하는 경향이 있는
데, 고백하자면 나는 사상에 그리 깊이 빠져들었던 사람은 아
니다. 나뿐 아니라 86세대 정치인 다수가 그렇다. 굳이 정치인
이 아니라도 1980년대 학생 운동에 참여했던 많은 동년배 친
구들이 그렇다. 그리 사상적이지 않았다. 물론 그중에는 마르
크스-레닌주의나 각종 사회주의, 공산주의 이론에 잠깐 빠져
든 사람이 있고 심지어 북한의 주체사상까지 숭배한 엉뚱한
부류도 있었지만 1980년대 초중반 학번의 상당수는 반독재
반전두환 의지에서 학생 운동에 뛰어든 사람이 절대다수다.
군사 쿠데타로 집권한 정권, 게다가 200명이 넘는 시민을 총
칼로 학살하면서 집권한 정권이 눈앞에 있는데 정의감에 넘
치는 학생들이 어찌 가만히 있을 수 있겠나. 입장을 바꾸어보
면, 누구든 그 시대에 태어났어도 태연하게 학교 다니며 공부
만 할 수는 없었으리라.

　분명한 반민주 세력인 전두환 정권에 맞서 싸우려면 민

주주의에 대한 '상식' 하나만으로 충분했다. 그래서 숱한 학생들이 저절로 운동권이 되었다. 하지만 '우리 사회에 근본적 문제점이 있는 것은 아닌가'라는 의문을 가져보는 것도 당연하고, 그러다 보니 세상 온갖 사상 조류를 다 검토해보았다. 그중에는 마르크스주의 서적도 있었던 것이 사실이다. 정의를 바로 세우기 위해 무엇이든 해보겠다는 일념으로 좌우 가리지 않고 두루 살펴본 젊은이들의 패기 자체를 모욕할 수는 없을 것이다. 호기심이 넘치는 나이대이기도 했다.

당시 좌익 서적 상당수가 금서로 지정되어 있었다. 정부에서 읽지 못하게 그토록 통제하는 것을 보니 그 안에 무언가 비밀의 열쇠 같은 것이 숨어 있는 것은 아닐까, 희미한 기대 또한 가져보았던 것이 사실이다.

대학 시절에 나도 마르크스주의 서적 몇 권을 읽었다. 곧장 세상을 뒤집어엎을 대단한 비법이라도 적혀 있을 줄 알았는데 사실은 좀 실망했다. 세상을 구조적으로 파악하려는 태도는 좋았다. 하지만 생산력이 증가하면 생산 관계에 모순이 생겨날 수밖에 없다든지, 하부 구조가 상부 구조를 결정한다든지 하는 주장들을 살필 때, 이론적으로는 좀 그럴듯해 보일지 몰라도, 이것이 현실에서 과연 어떤 의미일까에 대해 의

심했다. 지금도 그렇지만 당시에도 나는 하늘에 붕 뜬 형이상적인 담론을 그리 좋아하지 않았다.

특히 궁극적인 민주주의를 쟁취하려면 노동자 계급이 혁명을 일으켜 일정 기간 독재를 해야 한다는 이른바 '프롤레타리아 독재' 이론은 황당하기까지 했다. 자본가 계급의 착취를 막기 위해 노동자가 독재를 해야 한다니, 이런 모순이 어디 있는가. 말하자면 '착한 독재' 이론인데, 독재는 무조건 나쁜 것이지 누가 한다고 좋고 다른 누가 한다고 나쁜 것이 아니다. 독재는 어떤 경우에도 합리화될 수 없다.

각설하고, 나뿐 아니라 대다수 86세대 동년배들은 이데올로기에 빠져 학생 운동을 시작했던 것이 아니다. 학생 운동을 하다 보니 이데올로기가 필요했던 것이며, 그 이데올로기가 틀렸다는 사실 또한 현실 속에서 깨달았다. 예컨대 공산주의 이론이 현실과 부합하지 않는다는 사실을 우리 세대는 다른 세대보다 분명히 알고 있다. 역설적으로 그렇다. 우리는 그것을 나름대로 '시도해보려' 했던 세대이고, 왜 안 된다는 이유 또한 경험을 통해 깨달았다. 한편으로는 이데올로기가 어떤 측면에서 현실에 의미가 있다는 사실 또한 알고 있다. 공과를 두루 배운 것이며, 그것을 현실에 배합하며 오늘까지 살아왔다고 표현할 수 있겠다.

　어떤 세대인들 완벽할 수 있겠나. 우리 세대도 성과와 모순 가운데 살았다. 어찌 되었든 가장 이데올로기적인 세대가 80년대 학번 세대이기는 하다. 반면 우리도 나이 들며 경험이 쌓이다 보니 현실과 이념 사이에서 가장 흔들린 세대이기도 하다. 경험을 강조하는 것은 구세대의 일반적 특징이지만 경험의 가치를 지나치게 폄훼해서도 안 될 일이다.

　애초에 나는 이데올로기를 믿지 않았다. 나에게 신념이 있다면 '나는 오류를 갖고 있다'는 사실을 믿는 신념뿐이었다. 지금도 나는 '틀릴 수 있다'는 점을 돌아보려고 매 순간 노력한다. 개인뿐 아니라 국가 역시 마찬가지 아닐까. 모든 존재는 장점과 단점을 함께 지닌다. 장점은 살리고 단점은 극복하는 시스템을 구축하는 것이 우리가 흔히 말하는 '진화'다. 오류를 바로잡을 수 있는 시스템이라면 좌든 우든, 자유주의든 국가주의든, 신자유주의든 사회민주주의든 각각의 요소를 두루 갖다 쓰면 되는 것이다. 이건 좌익이니 틀렸어, 저건 신자유주의라서 안 돼, 라고 존재 자체를 부정할 필요까지는 없는 것이다. 그것이 진화다.

　우리는 적응했다. 적응은 순응이 아니다. 진화는 적응

과 관련된 점진적 변화다. 진보_progress 가 아니라 진화_evolution 의 길을 택하고 싶다.

◇◇◇

개인적으로 나는 대학생이 되면 운동권이 될 운명을 일찌감치 타고난(?) 인물이었던 것 같다. 운명의 주사위가 참 묘하게 굴러갔다.

내가 학교에 다닐 때는 중학교에도 서열이 있었다. 물론 소위 2류나 3류 학교에 다녀도 열심히 노력하면 대학에 들어갈 수는 있었지만 어찌 되었든 중학교부터 이른바 '명문 학교'에 다녀야 남들이 말하는 명문 대학에 들어갈 가능성 또한 높았다. 당시에는 나도 평범한 학생 가운데 한 명이었다. 명문 대학에 진학하고 싶었다. 명문 대학에 가려면 명문 중학교부터 들어가야 했다.

나는 원래 평창중에 다니고 있었다. 평창중도 물론 좋은 학교이지만 명문 대학에 가려면 더 큰 도시에 있는 더 좋은 중학교에 가야 했다. 원주에 있는 원주중으로 전학하고 싶었다.

하지만 다른 지역 학생이 원주중에 들어가려면 성적이

좋을 뿐 아니라 원주중 내부에 결원이 생겨야 했다. 하늘이 도왔는지 2학년에 올라갈 때 빈자리가 생겼다. 원주중에 들어갈 수 있었다. 어머니가 매일 새벽 장독대에 정화수를 올려놓고 "우리 광재가 원주중에 전학할 수 있도록 도와주십시오"라고 정성 어린 기도를 드린 덕분이었을 것이다.

원주중에 들어가고 내 인생에 전환점이 찾아왔다. 친구 장동영을 알게 된 것이다. 장동영은 진광고 장화순 교장 선생님의 아들이었는데, 그를 통해 장일순 선생을 알게 되었다. 장일순은 생명 사상의 원조 격에 해당하는 철학자로, 지학순 주교와 함께 그 시대에 '살아 있는 양심'으로 존경받는 분이었다. 말하자면 강원도의 진보 도시 원주에서 이념적 스승 역할을 하던 분이었다. 장화순 교장 선생님과 장일순 선생은 형제지간이다.

나는 친구 장동영의 집에 자주 놀러 갔다. 그의 집은 원주시 봉산동 측백나무가 심어진 언덕 위에 있었는데, 장화순 교장 선생님과 장일순 선생 댁이 나란히 붙어 있었다. 교장 선생님 댁에서 놀다가 자연스레 장일순 선생 댁으로 건너갔고, 거기서 장일순 선생을 뵐 수 있었다.

일단 두 집의 엄청난 장서량에 놀랐다. 그렇게 책을 많이 갖고 있는 집은 내 인생에 처음 보았다. 워낙 책 읽기를 좋아하던 시절이라 책이 많다는 사실 하나만으로도 존경심이 들었다. 게다가 내가 전혀 모르는 생소한 분야의 책이 많았다. 그 집 서재에 들어가는 것만으로 새로운 지식 세계에 발을 들여놓는 느낌이었다. 이런 책을 읽는 사람의 생각의 크기는 과연 어느 정도일까. 나랑 비교도 할 수 없을 것이라는 경외심이 들었다. 나도 훌쩍 크고 싶었다.

생명 사상의 대가 장일순 선생은 말조차 붙이기 어려울 정도로 대단한 어른이었다. 단정하고 자상한 외모에 압도되었고, 먼발치에서 바라보는 것만으로 존경심이 생겨나는 분이었다.

어려운 처지에 있는 사람들이 종종 찾아와 장일순 선생에게 도움을 청하곤 했다. 그때마다 선생은 좋은 글을 써서 봉투에 넣어주며 그들을 위로했다. 나는 그런 광경을 유심히 지켜보았다. 인간을 대하는 풍모에 반했고, 사람이 다른 사람의 '정신'을 움직일 수 있다는 사실에 가벼운 전율을 느끼기도 했다. 당시 유명한 저항 운동가였던 김지하 시인이 장일순 선생에게 난초 치는 법을 배웠다. 전시회 때 두 분의 모습이 아직 눈에 선하다. 장일순 선생 댁에서 참 많은 책을 빌려보았다.

평창중에 다닐 때도 책을 많이 읽기는 했다. 초등학교를 졸업하고 평창으로 건너가 중학교 2학년 때부터 홀로 자취 생활을 시작했다. 무슨 일을 하는 사람인지 정확한 기억은 없지만 옆방 세입자가 책이 많았다. 그의 방에 수시로 건너가 책을 빌려 읽었다. 삼성출판사에서 나온 《한국문학전집》과 《세계문학전집》을 통째 읽었을 때 느낀 뿌듯함은 이루 말할 수 없다. 《플루타르코스 영웅전》은 손에 땀을 쥐며 읽었다. 톨스토이 《인생론》도 감명 깊었다. 박경리 선생의 《표류도》도 그때 읽었는데, 그 책을 읽고 나서는 작가가 되어볼까 하는 생각까지 했다. 청소년 시절에 책에 빠진 학생이라면 누구나 품었을 목표다. 중고등학생 수준에 맞는 책은 물론이고 대학생이 읽는 사상 전집까지 모두 읽었다. 무슨 말인지 정확히 모르면서도 마냥 읽었다. 책더미에 파묻혀 행복했다.

평창에서도 꽤 많은 책을 읽었지만 그때까지 읽은 책이 냇물 수준이었다면 원주에서는 강이고 바다였다. 장일순 선생 댁에 있는 책은 양적으로도 그렇고 질적으로도 당대 어느 사상가의 서재 못지않게 내공이 깊었다. 그 무렵 읽은 러시아 표트르 대제에 대한 책은 무척 인상적이었다. 변장하고 유럽에 건너가 신문물을 익히고 신기술을 가져와 러시아를 강대

국으로 만드는 이야기는 가슴을 두근두근 뛰게 했다. 튀르키
예 건국의 아버지 케말 파샤에 대한 책도 인상적이었는데, 돌
이켜보니 그때 내가 읽고 가슴이 쿵쾅거렸던 책은 대부분 역
사와 국가 경영에 관한 책이었다. 의도하지 않았는데 그랬다.
아마도 그때부터 정치에 대한 관심, 세상을 바꾸어보겠다는
의지를 나도 모르게 키워왔던 것 같다.

중학교 3학년 여름 방학 때 공부하러 절에 들어갔다. 중
학생이 절에 들어가서 공부했다면 좀 특이하게 들리겠지만
당시에는 그랬다. 명문 고등학교에 들어가려면 중학교 때부
터 머리끈을 동여매고 공부해야 했다. 그런데 절에 들어가 공
부는 뒷전이고 실컷 책만 읽었다. 강원도 원성군(원주의 옛 이름)
신림면 황둔리 쪽에 있는 백련사라는 사찰인데, 조용히 책을
읽기에 제격인 곳이었다. 여러 곳에서 책을 한 보따리 빌려,
여름방학 내내 책만 읽었다. 그때 기억에 남는 책이 시바 료타
로의 소설 《제국의 아침》이다. 일본 메이지 유신에 대한 내용
인데, 유능한 정치인이 한 나라의 운명을 어떻게 바꿀 수 있는
지 감동하며 읽었다. 나도 커서 나라를 바꾸어보아야겠다고
결심했던 것 같기도 하다.

이영신 작가의 다큐멘터리 소설 《광복 20년》도 백련사

독서 목록 가운데 하나로 기억에 남아 있다. 특히 해공 신익희 선생에 대한 부분이 가슴 아팠다. 신익희 선생은 이승만 정권 시절 민주당 대통령 후보였다. 선거에서 이승만을 충분히 이길 수 있었을 텐데 유세하러 전국을 돌아다니던 중 열차 안에서 의문의 죽음을 맞았다. 한강 백사장에 운집한 수만 명 군중 앞에서 신익희 선생이 열띠게 연설하시는 대목에 가슴이 뛰었고, 현장에 있는 듯한 느낌마저 들었다. 나도 언젠가는 국민의 마음을 사로잡는 정치 지도자가 되겠다고 다짐했다. 정치가 중요하다는 점을 독서를 통해 차츰 깨달았다.

원주에서 학교 다닐 때는 봉산동에서 자취 생활을 했다. 자취방 바로 옆에 기찻길이 있었다. 책을 읽다 바람 쐬러 밖에 나와 철길을 따라 걷곤 했다. 걷다 보면 깜깜한 어둠을 가르며 열차가 달려왔다. 환한 조명 불빛에 하루살이들이 떼를 지어 춤추었다. 그 광경이 묘하게 대조되어 기억에 남아 있다. 힘차게 달리는 기차. 흐물흐물 춤추는 하루살이 떼. 하루살이처럼 살지는 말아야겠다, 열차처럼 기백 있게 나아가야겠다. 어린 마음에 그런 다짐을 하곤 했다.

❖❖❖

　성장 배경이 그러하니 내가 대학에 들어가 운동권이 되었던 것은 어쩌면 당연한 수순이었는지 모르겠다. 아니, 운동권이 된다는 생각조차 해보지 않았다. 그저 내가 가야 할 길, 해야 할 일을 한다는 생각뿐이었다. 친구들은 선배의 꾐에 빠져 운동권이 되었다는데 나는 그럴 필요조차 없었다. 내 발로 걸어가 운동권이 되었다. 정확히 말하자면 대학에 들어가기 전부터 의식은 이미 운동권이 되어 있었다.

　원주중 졸업을 앞둔 1979년 10월 26일, 박정희가 죽었다. 대통령이 암살당했다는 소식에 임시 휴교령이 내려져 장동영과 함께 학교를 빠져나오는데 교문 앞에 탱크가 서 있었다. 그때만 해도 당시 박정희가 워낙 신격화된 인물이었다 보니 대통령이 죽었다는 소식을 들은 순간 왠지 슬펐다. 그런데 탱크를 보면서 생각이 달라졌다. 맞다, 그는 군인이었지. '독재자'가 죽은 것이다! 앞으로는 지금까지와는 다른 시대가 열리겠구나. 두려운 한편으로 설레는 마음 또한 있었다.

　하지만 세상은 소망대로 흘러가지 않았다. 고등학교에 입학하고 광주에서 '큰 사건'이 일어났다는 소식을 들었다. 원주 지역 재야의 본산인 장일순 선생 댁을 드나드는 고등학생이었으니 어른들이 조용히 수군거리는 목소리를 통해 광주에서 벌어진 일에 대해 들을 수 있었다. 숱한 시민들이 군인들이 쏜 총에 맞아 죽었다는 것이다. 대검에 찔려 죽고, 개머리판에 맞아 죽고, 반항하면 가차 없이 끌려갔다는 것이다. 귀를 의심했다. 어떻게 '국군'이 국민을 때리고 죽일 수 있나…. 심한 충격을 받았다. 갈등을 겪었다. 지금 돌아보면 약간 우스운 생각이기는 하지만 광주에 가서 동참하느냐 마느냐 하는 고민까지 했었다. 가족을 생각해서 참자. 일단 고등학교를 졸업하자. 그러자 광주에 가지 않은 것이 두고두고 양심을 괴롭혔다. 순진하다고 웃을 사람도 있겠지만 그만큼 순수했던 시절이었다. 그해 5월, 할아버지께서 돌아가셨다. 나로서는 이래저래 잔인한 5월이었다.

고등학교 2학년 때, 강원대 사범대학 학생들이 우리 학교로 교생 실습을 나왔다. 그때 교생 선생님에게 '광주에서 벌어진 일'에 대해 물었다. 전두환이 대통령이 되어 살기등등한 시절이었지만 여학생인 교생 선생님은 용기와 기백이 있었다. 소곤소곤 조용한 목소리였지만 분명히 말했다. "전국의 대학생들이 데모를 하고 광주 시민들이 일어선 것은 옳은 일이다. 나도 그 뜻에 함께한다." 가슴이 뛰었다. 나도 어서 대학생이 되어 데모에 앞장서야겠다는 생각이 머릿속을 가득 메웠다. 전두환 정권과 맞서 싸우는 것은 우리 시대에 피할 수 없는 숙명처럼 느껴졌다.

1982년 겨울, 대학 입학시험을 마치고 친구 두 명과 여행을 떠났다. 부산을 거쳐 마산으로, 다시 충무를 거쳐 광주에 갔다(그때 여행 경비를 어떻게 마련했는지는 '짜장면' 편에서 자세히 소개할 것이다). 광주에서 '큰 사건'이 일어났을 때 그토록 달려가고 싶었던 현장에 2년 뒤 도착했다. 전남대와 조선대를 둘러보았다. 전남도청 앞 광장, 충장로, 금남로도 가보았다. 이 거리가 피로 물들었을 것을 생각하니 끔찍하고 가슴이 아렸다. 여행에 들뜬 기분이 싹 달아났다. 광주에서 죽은 영혼들의 뜻을 잊지 않겠다, 그들의 한을 풀어주겠다고 다짐했다.

그때 조선대 교정에서 찍은 사진을 아직 간직하고 있다. 살짝 웃고 있는 표정인데, 미소가 어색하다. 마음에 담겨 있는 것들이 나를 결코 웃을 수 없게 만들었다.

◇◇◇

대학에 들어가자마자 학생 운동에 참여했다. 선배들의 권유나 지시 같은 것은 필요 없었다. 스스로 운동권이 되었다. 당시 많은 신입생이 그랬다.

그런데 나는 교조적인 이념과는 체질상 어울리지 않았다. 친구들은 지하 이념 서클 같은 곳에 들어가 사상인가 이론인가 하는 것을 공부한다는데, 나는 거부감을 느꼈다. 이른바 '먹물'처럼 느껴졌다고나 할까. 생활 속에 직접 실천하는 것에 더 관심이 많았다. 야학에 들어갔다. 당시 학생 운동권에서 운영하는 야학은 사실상 '의식화 학교'였다. 겉으로는 배움의 기회를 놓친 노동자들에게 국어, 영어, 수학을 가르친다고 하지만 물론 그런 것을 가르치면서도 좀 '깨어 있다' 싶은 노동자를 만나면 곧장 이념 서적을 건네면서 의식화 교육을 하는 식이었다. 나는 그런 방법에도 거부감이 들었다. 그래서 철학책이나 이념 서적이 아니라 조르주 상드의 서간집이나 황석영의 《탑》 같은 소설을 읽고 감상을 말하거나 글로 써보라고 시켰다. 이제 갓 대학에 들어온 신입생이 과거에 없던 방식으로 의식화 교육을 진행하니 선배들은 나를 이상한 녀석 취급했지만 나는 그것이 옳다고 여겼다. 전두환 정권과도 맞서 싸우겠다는 각오로 대학에 들어왔기에 선배들의 권위 정도는 대단하다고 여기지 않았다.

봉사 활동 서클에도 가입했다. 로타렉트라는 동아리였는데, 봉사 활동에 필요한 자금을 확보하기 위해 한양로터리클럽에 나가 아르바이트를 했다. 낮에는 돈 벌고 밤에는 야학에서 노동자들을 가르쳤다. 선배들이 "정말 특이한 녀석"이라고 코웃음을 치며 나를 바라보았던 것도 그리 과장만은 아니었다.

한양로터리클럽에서 아르바이트를 했던 것은 내 인생의 소중한 경험 가운데 하나다. 로터리클럽은 사회 고위층의 사교 클럽이라고 할 수 있다. 하지만 '사회 고위층'이라고 해서 부모에게 재산을 물려받은 재벌 2세들의 모임 같은 것이 아니라, 자수성가한 중견 기업 오너들의 친선 모임이었다. 내가 일했던 한양로터리클럽은 더욱 그랬다. 회장이 김광균 시인이었다. "어느 머언 곳에 그리운 소식이기에 이 한밤 소리 없이 흩날리느뇨"(《설야》)의 그 시인 말이다. 부회장은 벽산그룹 창업주 김인득 회장이었다. 김광균 선생을 시인으로만 알고 있는 사람이 많지만 한국 전쟁 이후로는 시 창작은 하지 않았고 기업 활동에 전념했다. 무역협회 부회장과 전국경제인연합회 이사 등을 역임했다.

한양로터리클럽에서 가장 인상적이었던 것은 매주 월요일 열리는 조찬 세미나였다. 아침 일찍 열리는 행사였는데도 빠지는 사람이 거의 없었다. 부자들은 술 마시고 놀면서 그저 흥청망청 사는 줄 알았는데 함께 모여 공부하면서 참 부지런히 사는구나 하는 것을 새삼 느꼈다.

강연 듣고 식사를 마치면 회원들이 돌아가며 각자 자기 근황을 소개하고 소정의 기부금을 내놓았다. 그 돈을 모아 로타렉트 학생 회원들을 유학 보내주었다. 학비는 물론 생활비까지 제공했는데, 장학금을 전달할 때마다 "외국에서 열심히 공부해 조국에 돌아와 더욱 큰일을 하거라"라는 내용의 덕담을 건네곤 했다. 그런 풍경이 뭉클하게 느껴졌다. 나도 성공한 사람이 되어야겠다, 돈을 벌어 사회에 환원하는 사람이 되어야겠다는 '지금까지와는 다른' 유형의 다짐을 하곤 했다.

로터리클럽 조찬 세미나가 있는 날이면 가장 먼저 가서 강의록을 챙기고 주보를 만드는 것이 내가 맡은 일이었다. 클럽 회원들에게 일일이 전화해 참석 여부를 확인하는 것도 물론이었다. 휴대전화가 있는 시절이 아니라서, 세미나가 진행

첫 번째 맛

되는 도중에 전화가 걸려 오곤 했다. 급한 용건은 바로 바꾸어 주고, 그렇지 않은 사항은 메모해두었다가 당사자에게 전달하는 것도 내가 판단할 영역이었다.

성공한 사람에게는 성공의 DNA가 숨어 있다는 사실을 그때 여실히 깨달았다. 성공하는 사람들은 시간 약속을 잘 지키고, 자기 계발을 꾸준히 하고, 메모를 열심히 한다는 사실 또한 발견했다. 나도 그렇게 살아야겠다 반성하고 다짐했다.

◇◇◇

아들이 "우리 세대가 5·18에 대해 느끼는 거리감이 아빠 세대가 6·25에 대해 느끼는 거리감보다 길다"고 경고⑺했건만 지나간 시절 이야기를 주절주절 재미없게 길게 썼다.

우리 세대 운동권이 그저 골방에 갇혀 시대에 뒤떨어진 이념만 주야장천 파고든 세대가 아니라는 사실을 새삼 강조하기 위해 그랬다. 어찌 골방에만 있었겠는가. 열심히 세상을 배웠고, 이념과 현실 사이에서 나름대로 고민하며 부대꼈다. 86세대라고 하면 '낡은 이념의 세대'라고 도매가격 취급하는 시류에 조그만 반론을 제기하기 위해 내 이야기를 풀어보았다.

시간이 흘러 1986년에 나는 수배자 신세가 되었다. 서울대, 연세대 학생들을 대상으로 〈백만학도〉라는 소책자를 만들어 배포한 혐의였다. 〈백만학도〉는 학생 운동권 연합 기관지였는데, 나는 1985년에는 편집위원, 1986년에는 편집장으로 참여했다. 3년간 〈백만학도〉를 만드는 데 모든 열정을 쏟고 있었다. 수배 중에 숨어 다니면서도 〈백만학도〉를 제작했다.

1986년 여름부터 본격적으로 경찰에 쫓겼다. 더 이상 편집에 관여하지 못할 상황이었다. 일단 활동을 접고 충청도에 내려가 은신했다.

아들 또래 청년들에게 1980년대를 회고하면서 "경찰의 수배를 받고 은신했다"라고 말하면 조용히 한자리에 숨어 있었다고 상상하는 사람들이 많더라. 그렇지 않다. 물론 그러한 수배자도 있었겠지만 먹고살아야 하기 때문에 열심히 돈을 버는 수밖에 없었다. 학생회도 없던 시절이라서 교내에 은신할 수도 없었다(1984년까지는 경찰이 아예 대학 캠퍼스 안에 상주했고, 그 후로도 정보 경찰과 프락치들이 수시로 대학을 드나들었다).

나는 충청도에서 막노동을 했다. 1986년 12월에는 부산으로 내려가 주물 공장에 취직했다. 물론 대학생이라는 신분은 숨겼다.

충청남도 천안에 가면 독립기념관이 있고, 유관순 열사가 만세 운동을 벌인 아우내 장터가 있다. 독립기념관 뒤편 흑성산 꼭대기에는 KBS 중계소가 있다. 나는 수배자로 쫓길 때, 중계소 건물 일부를 새로 짓는 막노동판 일을 했다(건설 노동이라 표현해야 옳겠지만 당시 표현대로 막노동이라고 하자). KBS 중계소는 국가 보안 시설인데, 그런 건물을 짓는 일에 시국 수배자가 참여하다니, 어쩌면 그것도 아이러니한 일이다.

천안에서 두 가지 기억이 있다. 산꼭대기에 건물을 짓다 보니 매일 산을 오르내렸다. 산에서 일하다 보면 뱀이 쓱 지나가는 바람에 놀랄 때가 많았다. 인부들이 그물을 쳐서 뱀을 잡았다. 저녁에 산에서 내려올 때 보면 그물망 한가득 뱀이 꿈틀거렸다. 노동판 일꾼들이 보양을 한다고 떠들썩하게 모여 앉아 그것을 구워 먹었다. 좀 끔찍한 일이기는 하지만 당시 노동자들에게는 단백질을 제공해주는 음식으로 그만한 공짜 식재료도 없었다. 노동판 일꾼들과 형님 동생 하면서 허물없이 어울렸지만 차마 뱀은 입에 대지 못하겠더라. 그저 "형님들 드십시오" 하면서 숙소로 가는 발걸음을 재촉했다. 지금도 뱀을 먹는 행위는 동물권 차원에서도 그렇고 상상만으로도 징 그렇다.

비가 오는 날은 막노동판 일이 쉬었다. 근로자 단체 숙소에 TV가 있을 리 없고, 지금처럼 휴대전화도 없는 시절이라 하루 종일 뒹굴뒹굴 누워 있는 수밖에 없었다. 그렇다고 책이나 잡지를 읽자니 신분을 의심받을 수 있었다. 천성적으로 노는 것에는 익숙지 않아 우산을 들고 주위를 돌아다녔다.

발길 닿는 대로 걷다 보니 저수지가 나왔다. 저수지 근처에 작은 슈퍼가 있었다. 슈퍼라기보다는 당시 대개 '구멍가게'라고 부르던, 정말 구멍만큼 작은 가게였다. 할머니 한 분이 가게 안에 앉아계셨다.

보슬보슬 비가 내렸다. 배가 고파 건빵을 하나 샀다. 저수지 인근 바위에 앉아 건빵을 오물오물 씹다가 무심코 부스러기 가루를 물에 뿌려보았다. 작은 생명체들이 잔뜩 몰려드는 것 아닌가. 살펴보니 새우였다. 강원도에 살 때는 못 보던 새우였다.

구멍가게 할머니에게 냄비를 하나 얻어 새우를 잡았다. 그냥 퍼담기만 해도 새우가 잔뜩 잡혔다.

"할머니, 라면 있어요?"

대체 무엇을 하려나 하는 표정으로 할머니가 바라보시

는데, 곤로 위에 냄비를 올려놓고 새우를 넣고 끓였다. 거기에 라면을 넣었다. 보슬보슬 비는 내리는데, 그렇게 따뜻하고 맛있을 수 없었다. 할머니도 감탄했다. 수배자 이광재표 새우 라면이 탄생하는 순간이었다.

나중에 비만 오면 저수지로 달려갔다. 새우를 잡았다. 봉지에 가득 담아 숙소에 가져가 라면을 끓였다. 구수한 새우 냄새가 숙소 안에 퍼졌다. 방안에 널브러져 있던 일꾼들이 슬금슬금 일어나 냄비 주위로 모였다. 그때 수배자만 아니었으면 라면 장사로 큰돈을 벌었을 텐데.

지금도 라면을 끓일 때면 1986년의 새우 라면이 생각난다. 그 후로 인생을 살아오며 숱하게 라면을 끓였지만 그때 라면만큼 맛있는 라면은 끓이지 못한다. 막노동판 일꾼들과 둘러앉아 누구는 냄비 뚜껑에, 누구는 라면 봉지에, 또 누구는 그저 손바닥으로 받쳐가며 후루룩후루룩 한 젓가락씩 나누어 먹던 라면 맛을 잊지 못한다.

◇ ◇ ◇

　인생 이야기를 하다가 느닷없이 라면 이야기로 넘어왔는데, 사실 라면은 요리랄 것도 없는 음식이다. 라면을 못 끓이는 사람이 어디 있겠나. 하지만 한국인 누구든 '음식'을 주제로 이야기할 때면 라면과의 추억 하나쯤은 빠뜨릴 수 없으리라.

　라면을 이야기할 때 나는 두 가지를 언급하고 싶다. 첫째, 시대가 바뀌어도 크게 변함없는 음식이 라면이다. 그러고 보니 올해(2023년)가 대한민국에 라면이 등장한 지 60주년 되는 해다. 면을 꼬불꼬불 뭉쳐 튀기고, 그것을 건조해 판매하는 즉석 라면의 시조는 일본이다. 닛신식품의 안도 모모후쿠라는 사람이 그런 라면을 발명했다는데, 당시에는 특허 개념이 희박하던 때라 숱한 기업이 유사 상품을 만들어 내놓았다. 그래서 발명자가 제조법을 아예 공개해버린 것이 즉석 라면이 폭발적으로 늘어나게 된 배경 가운데 하나다. 우리나라 최초 라면도 그 무렵 들어왔다. 라면이 우리 생활 속으로 들어온 지 반세기가 넘었지만 내가 어렸을 때나 지금이나 크게 달라진 점이 없는 상품이 라면이다. 숱한 브랜드가 생기고 다양한 조리법도 생겨났지만 봉지 안에 면과 스프가 들어 있는 기본 방식은 앞으로 몇백 년이 지난다고 해도 크게 달라지지 않을 것이다. '변함없다'는 측면에서 라면은 하나의 개성을 갖는다.

둘째, 같은 봉지 안에 들어 있는 똑같은 브랜드 라면이지만 어떤 부재료를 넣느냐, 면을 어느 정도 익히느냐, 물을 어느 정도 붓느냐에 따라 나름대로 맛과 식감이 달라지는 요리가 라면이기도 하다. 그래서 라면을 잘 끓이는 사람은 나름의 '라면 자부심'이 있다.

나는 우리가 살아가는 세상이, 인생이, 이 라면 같은 것이라고 생각한다. 큰 틀에서는 차이가 없지만 세부 항목에 들어가면 달라지는, 일반적으로는 사람들이 '요리'라고 생각하지 않지만 다들 나름의 조리법이 있고 사연이 있는 요리 '라면'. 각자 사연을 안고 살아가면서도 교감하고 소통하는 것이 우리가 살아가는 인생이고 세상이라고 생각한다. 우리가 정치를 하는 목적이라고 생각한다. 어찌 되었든 가장 큰 틀에서 인간이 공유하는 것은 시간이다. 시간만큼은 모두에게 평등하다. 다만 그 시간을 어떻게 겪었는지 사람마다 다르다. 다르면서 비슷하고, 비슷하면서 다르다. 세상 많은 일이 그렇다. 라면 같은 시간, 라면 같은 세상이다.

어쩌다 보니 나도 이제 예순을 목전에 둔 나이가 되었다. 정치인으로서는 가장 원숙한 나이라고들 하지만 일반 기업에서는 정년을 앞둔 나이다. 내가 그동안 무엇을 했던가 반성하면서 '앞으로 끓여야 할 라면'을 생각한다. 변함없이 계속해야 할 정치에 대해 돌아본다. 꿋꿋이 한길을 가야 할 부분이 있을 것이고, 이제는 조리법을 좀 바꾸어야 할 대목도 있을 것이다. 그런 것들에 대해 고민한다. 시대에 맞게 조금씩 라면이 변한 것처럼, 순응이 아니라 적응하고 싶고 '진화'하고 싶다.

다시 1986년으로 돌아가보자. 겨울이 되니 막노동 일자리가 줄었다. 흑성산 KBS 중계소도 이미 완공되었다. 한솥 라면을 먹던 노동자들은 뿔뿔이 흩어져 겨울 일자리를 찾아나섰다. 나는 부산으로 내려갔다. 무슨 연고가 있어 부산으로 갔던 것은 아니다. 여전히 수배자 신세여서, 그저 서울에서 가장 멀리 떨어진 곳으로 가자는 생각에 선택한 곳이 부산이었다. 부산에서는 부산의 음식이 기다리고 있었다.

두 번째 맛
···
**아무것도
먹을 수 없었다**
용광로 김치찌개

수배자의 하루는 밤을 기다리는 일로 채워져 있다. 형사들도 공무원이니 주로 낮에 활동한다. 밤늦은 시간까지 수배자를 잡으러 다니는 형사는 그리 많지 않다. 그러니 수배자의 밤은 낮보다 자유롭다. 어서 밤이 되었으면 좋겠다고 하루 종일 생각한다. 하지만 정작 밤이 되면 다른 고민이 시작된다. 몸을 누일 곳이 없다. 잠을 자야겠는데 마음 편히 이불을 덮고 잘 수 있는 공간이 없다. 낮에는 밤을 기다리고, 밤에는 낮을 그리워하고…. 인생의 모순과 같은 일이다. 지금처럼 PC방이 있다든지, 밤샘 영업하는 다양한 업소가 있는 시절이 아니었다. 여관에 들어가려 해도 신분증을 보여주며 '숙박 등록'을 해야 하는 시절이었다(등록 사항은 곧 경찰로 신고되었다). 밤이 되면 정말 갈 곳이 없었다. 만화 가게는 숙박업소가 아니면서 거의 유일하게 밤새 머무를 수 있는 장소였는데, 일단 나는 만화나 무협지를 별로 좋아하지 않을뿐더러 만화 가게는 각종 부랑자들이 많이 찾는 곳이라 경찰이 늘 주시하고 있었다. 손님끼리 싸움에 휘말렸다가 재수 없으면 잡힐 수도 있는 곳이었다.

불안한 잠자리처럼 사람을 고통스럽게 만드는 일도 없다. 하늘 아래 내 몸을 누일 수 있는 한 평 공간이 없다는 사실에 절망하게 된다. 지금도 주택 문제로 고민하는 청년들을 만날 때마다 고생이 짐작되어 가슴이 아프다.

계절이 바뀌자 충청도에서의 막노동판 생활을 접고 부산으로 내려갔다. 부산 영도 한진중공업 옆에, 보증금 30 몇만 원에 월세도 얼마 되지 않은 단칸방을 얻었다. 연탄을 때는 방이었는데 딱 한 사람 누울 수 있는, 말 그대로 손바닥만 한 면적이었다. 그 방을 계약하고 이불을 사서 뜨끈한 아랫목에 누웠을 때 어쩌나 행복하던지…. 부산은 겨울에 따뜻하다고 하지만 그래도 12월이었다. 칼바람에 창문이 덜컹거리는데 그래도 '나만의 공간'이 생겼다는 안도감에 처음 며칠은 종일 잠만 잤다. 긴장이 풀리니 피곤이 한꺼번에 몰려왔다. 집이라는 공간이 참 신기하다. 아무리 움막 같은 집이라도, 편히 누울 자리가 있다는 사실 하나만으로 깊은 안도감을 준다. 나를 위해 마련된 세상에 하나뿐인 공간일 때는 더욱 그렇다. 인간이 살아가는 데 '집'이라는 존재는 이토록 중요한 요소라는 것을 절절히 느꼈다.

◇◇◇

1986년 겨울은 정치적으로 살벌했다. 1987년 6월 항쟁 전야이니 역사의 결과를 알고 있는 사람들은 1986년 12월 즈음이면 항쟁의 기운이 조용히 들끓고 있었을 것이라고 상상하기 쉽지만 전혀 그렇지 않았다. 역사는 의외성을 갖는다.

1986년 5월에 이른바 '인천 사태'라 불리는 학생 시위가 일어났다. 수백 명이 잡히고 구속당했다. 그해 10월에는 '건대 사건'이라 불리는 대규모 시위가 발발해 1500여 명이 연행되고 그중 1200명이 구속되는 초유의 사태가 벌어졌다. 학생 1000여 명이 한꺼번에 구속되는 풍경이 이해되는가. 지금도 사법사상 단일 사건으로 가장 많은 구속자를 낳은 사건으로 기록되어 있다. 1987년 1월 박종철 고문 치사 사건은 그렇게 거칠고 무시무시한 사회 분위기 가운데 일어난 사건이었다. 당시 전두환 정권은 자기들이 승승장구하고 있다고 착각했을 것이다. 독재 정권의 몰락은 늘 그러한 자만 가운데, 그리고 국민의 각성 가운데 일어나는 법이다.

　부산에 내려와 방을 구하고 공장에 취직했다. 수도꼭지 밸브 같은 것을 만드는 주물 공장이었다. 뜨거운 쇳물을 바가지로 퍼서 거푸집에 부으면 밸브가 만들어졌다. 쇳물이 굳고 판형에 묻은 흙을 털어내면 형틀 안에 밸브가 만들어졌는데, 막 만든 밸브는 외관에 우둘투둘 흠집이 많았다. 그것을 그라인더로 정리하면 작업이 끝났다.

　하루 종일 삽질을 했다. 쇳물을 다루다 보니 작업장 안에 열기가 뜨겁고, 안전장치도 없이 일하다 보니 작업 환경은 열악하기 이루 말할 수 없었다. 워낙 위험한 물체를 다루는 작업이다 보니 근무 시간 내내 노동자들의 신경은 곤두서 있었다. 조금만 실수해도 곧장 육두문자가 날아왔다. 주먹질이나 발길질은 일상사였다. 전국 팔도 온갖 욕을 다 배운 기간이기도 했다.

　대학생이라는 신분을 숨기고 위장 취업을 하기는 했지만 나름대로는 작업에 열중했다. 며칠 일하다 보니 작업이 재미있었다. 붉은 쇳물이 튼튼한 수도 밸브로 다시 태어나는 과정을 지켜보는 일은 신비롭기까지 했다. 최고로 깨끗하고 말끔한 밸브를 만들기 위해 부지런히 그라인더를 돌렸다. 아버지에게 물려받은 호기심, 어머니에게 이어받은 낙천적인 성격 탓일 것이다.

일과 가운데 가장 즐거운 시간은 점심시간이었다. 각자 도시락을 싸 들고 다녔는데, 거의 모든 노동자가 양은 도시락에 김치 하나 달랑 가져오는 것이 전부였다.

그런데 먹는 방식이 독특했다. 일단 김치를 한데 모은다. 커다란 솥에 담는다. 쇳물을 녹이는 용광로 위에 얹는다. 보글보글 끓이기만 하면 근사한 김치찌개가 완성된다. 아무런 조미료도 넣지 않고, 고깃덩어리 하나 넣지 않고, 특별한 육수조차 준비하지 않았는데, 그저 맹물만 달랑 붓고 끓였을 뿐인데, 용광로 고열에 푹 끓인 탓일까. 김치가 흐물흐물 부드럽고 국물 맛은 적당히 진했다. 세상에 그렇게 맛있는 김치찌개는 처음이었다. 노동자들끼리 작업대 주위에 둘러앉아 도시락을 먹는 시간이 꿀맛 같았다. 온갖 이상한 욕설을 늘어놓던 작업반 고참들도 식사 시간만큼은 도시락 위에 뜨끈한 김치찌개 국물을 얹어주는 다정한 형님이 되었다.

생각해보면 김치찌개는 신기한 요리다. 한국인이 가장 좋아하는 음식 가운데 김치찌개는 늘 1위를 차지한다(2위는 된장찌개). 그런데 사실 김치찌개는 요리랄 것도 없는 요리다. 김치에 물 붓고 끓이기만 하면 되는 요리이기 때문이다. 물론 육수를 무엇으로 하느냐, 어떤 부재료를 넣느냐에 따라 맛이 달라지지만 김치 하나만으로 훌륭한 요리가 된다. 하지만 결코 쉬운 요리가 아니다. 김치찌개를 맛있게 끓이기는 정말 어렵다. 식당에서 맛있는 김치찌개를 경험하고 나도 이렇게 끓여보아야겠다 싶어 조리법을 배워 집에서 만들어보면 절대 그 맛이 안 난다. '식당 주인장이 조리법을 거짓으로 가르쳐주었나?' 하면서 고개를 갸웃하게 된다. 조리법 외에 다른 무엇이 있을 것 같다는 의구심마저 생긴다. 가장 간단하면서도 맛을 내기 어렵고, 그러면서 한국인이 가장 좋아하고 즐겨 먹는 요리가 김치찌개다.

지금도 김치찌개를 먹을 때면 부산 주물 공장에서 먹었던 용광로 김치찌개가 생각난다. 그동안 인생을 살며 숱한 김치찌개를 먹었지만 그때 김치찌개보다 맛있는 김치찌개는 없었던 것 같다. 김치찌개에 도시락을 먹으면서, 도시락 뚜껑에 소주를 부었다. "건배" 하며 들이켜던 검댕이 묻은 얼굴들이 떠오른다. 어떤 요리든 누구랑 어디서 어떻게 먹었느냐가 중요한 것 같다.

◇◇◇

　부산에서 주물 공장에 다닐 때 노무현 대통령을 처음 만났다. 정확한 기억은 없지만 무슨 시국 강연장이었다. 물론 그때는 내가 수배자 신세라 그저 간단히 소개만 주고받은 정도였고, 젊은 변호사가 꽤 열정적이라는 느낌으로 먼발치에서 바라본 것이 전부였다. 나중에 그와 어떤 인연으로 엮일 것이라고는 그때는 전혀 생각지 못했다. 나중에 그가 대한민국 대통령이 될 것이라고도 상상치 못했다. 사람의 인연과 운명이라는 것은 참 묘하게 흘러간다. 주물 공장이 쉬는 날에는 부산 시내를 구경했다. 대한민국 2대 도시답게 부산은 북적였고, 서울과는 또 다른 흥성거림이 있었다. 부산 사람들이 살아가는 모습이 자글자글 푹 끓인 김치찌개처럼 느껴졌달까. 서울이 말끔한 대합탕 같은 도시라면 부산은 구수한 김치찌개 같은 도시다.

　영도다리 밑에 홍합탕을 파는 집이 있었다. 천 원짜리 한 장 주면 커다란 양은 냄비에 홍합을 한가득 담아주었다. 거기에 소주 한 병 곁들이면 그야말로 천국이 따로 없었다. 공장 일 마치고 저녁에 종종 찾곤 했다.

자갈치 시장에 가면 곰장어구이를 맛있게 하는 집이 많았다. 그런데 그건 월급날에나 사치를 부려 먹을 수 있는 음식이었다. 수배자가 안 좋은 점이 있다. 사람을 깊게 사귈 수 없다. 아무리 신분을 위장했다지만 소주잔 기울이며 이런저런 이야기를 나누다 보면 아무래도 신분이 탄로 날 가능성이 있다. 그래서 마음과는 다르게 주위 사람들을 멀리하게 된다. 서글픈 일이었다. 홀로 홍합탕 먹고, 홀로 곰장어 냄새 맡으면서 '이럴 때 친구 한 명 있었으면 좋겠다' 생각하곤 했다. 먹는 일, 사는 일, 도망 다니는 일의 고단함과 외로움을 절실히 느낀 부산 생활이었다.

그렇게 1년 정도 수배자로 살다가 경찰에 체포되었다. 1987년 가을이었다. 누군가를 만나러 부산 시내로 가는 중이었는데, 학생 운동 조직 내부에 밀고자가 있었다고 한다. 나중에 동료들은 그 밀고자가 누구일 것이라 짐작하며 수군거렸지만 나는 밀고자에 대해 별로 관심이 없었다. 그를 원망하거나 저주하는 감정 또한 갖고 있지 않다. 그저 담담히, 그의 인생을 지켜보기만 하는 중이다. 극단적인 이념에 치우친 사람은 이쪽 극단에 있다가 저쪽 극단으로 옮겨가면서 늘 좌충우돌하며 살더라. 그의 삶의 궤적을 멀리서 바라보며 그저 측은

하게 여길 따름이다.

이참에 고백하자면, 숨어 다니고 위장 취업을 해야 하니 다른 사람의 신분증을 위조해 들고 다니는 수밖에 없었다. 물론 신분증 주인에게 허락을 받은 것이었다. 나중에 경찰에 잡혀 조사받을 때 "신분증은 어디서 났어?"라는 물음에 나는 어떻게 대답해야 했을까? 그를 보호하려고 "훔쳤다"라고 말한 것은 인간으로서 당연한 예의였다. 누구든 그런 선택을 했을 것이다. 그것 때문에 절도죄와 공문서 위조죄가 추가되었다. 그래도 내 죄를 줄이자고 남에게 피해를 줄 수는 없는 일이었다. 시간의 강이 흘러 내가 국회의원에 출마했을 때, 전과 이력에 있는 절도죄와 공문서 위조죄를 거론하면서 나를 마치 파렴치범처럼 공격하는 상대 후보를 보면서 길게 한숨을 내쉴 수밖에 없었다. 그 시대를 모르는 사람이 오해하는 것은 있을 수 있다지만 다 알면서도 그러는 사람을 보면 같은 인간으로서 자괴감마저 느낀다. 무엇이 그들을 그렇게 만들었을까.

부산 보안대 요원들에게 붙잡혀 검은 천으로 눈이 가려진 채 어디론가 끌려갔다. 인근 공안 기관으로 끌고 갈 줄 알았더니 자동차가 한참 달렸다. 도대체 어디로 가는 걸까. 쉬지 않고 계속 달렸다. 도중에 화장실에 가기 위해 잠깐 멈추었는데, 안대를 풀고 주위를 둘러보니 추풍령 고개였다. 서울로 끌려가고 있구나. 망우동 보안사에서 간단히 조사받고 남영동 대공분실로 넘겨졌다. 조사실 벽면에 보니 커다란 종이에 무슨 조직표가 복잡하게 그려져 있었다. 조직표 빈칸 사이로 익숙한 이름들이 보였다. 우리를 거대한 좌경용공 조직인 것처럼 그려놓고 있었다.

박종철의 희생으로 내가 조사받을 무렵에는 특별한 고문을 받지는 않았다. 조사가 혹독하기는 했어도 형사들도 과거에 비해 그렇게까지 고압적인 자세는 아니었다. 1987년 6월 항쟁이 끝난 뒤였다. 사람이 죽어야 이렇게 되는 건가. 얕은 허탈감이 들기도 했고, 세상이 바뀌면 이렇게 되는구나, 그러니 세상을 바꾸어야겠구나 하는 것을 느낀 계기이기도 했다.

◌◌◌

남영동 대공분실에서 20일 남짓 조사받았다. 문초 과정에 기억에 남는 일이 두 가지 있다. 하나는 내가 조사받은 책상 모서리에 쓰여 있는 문구였다. 바로 "인생은 짧고 고문은 길다". 연필인지 볼펜인지 날카로운 무엇인지, 누군가 긁은 듯 써놓은 문구였다. 그것을 볼 때마다 가슴이 울컥했다. 얼마나 괴로웠을까. 얼마나 괴로웠으면 자기 심장에 새기듯 이런 글씨를 새겨놓았을까. 몇 개월 전에 잡혀 왔더라면 나도 이 자리에서 고문을 당하고 있었겠지…. 두려움이 몰려오는 한편으로, 응원하는 마음을 역설적으로 느꼈다. 떳떳한 걸음으로 이 조사실을 나가리라. 다른 하나의 기억은, 조사를 마치던 날 담당 수사관이 탕수육을 사준 일이다. 당시 탕수육은 꽤 비싼 요리였다. 게다가 소주까지 한 병 주문했다. 조사실에서 수사관이 피의자에게 소주를 따라주는 일도 흔치 않았다. 도대체 나에게 왜 이런 인정을 베푸는 것일까.

그 조사관과는 악연이 많았다. 내가 체포되자 부모님은 강원도 평창에서 서울로 올라와 남영동 대공분실 앞에 종이상자를 깔고 앉아 연좌 시위를 벌였다. 밤샘 철야 농성이었다. 아들의 안위를 확인하겠다고 아버지는 긴급 면회를 신청하기도 하셨다. 당시로서는 일개 국민이 권력 기관 앞에 법규를 따지며 대드는 일이 그리 흔치 않았다. 공무원이었던 아버지, 두부를 만들어 파는 어머니가 투사의 부모, 아니 '투사'로 거듭나는 순간이었다. 조사관이 "참 대단한 부모님을 두셨다"라고 비아냥거리듯 말하는 것을 듣고 한판 싸웠던 적이 있다. 조사를 마칠 무렵, 반성문을 쓰면 정상 참작을 해주겠다고 수사관이 회유했는데 "붙잡힌 것을 정말 미안하게 생각한다"라는 내용을 써서 또 한바탕 실랑이가 붙기도 했다. 그런 조사관이 마지막에 다정한 척하니 굉장히 의아했다.

고소한 탕수육 냄새가 좁은 조사실 안에 퍼졌다. 조사관이 술잔에 소주를 따랐다. 그 모습을 물끄러미 바라보고 있는데 뜬금없이 물었다.

"광재야. 우리 아들이 내년에 고3이다. 어떻게 해야 좋은 대학에 갈 수 있겠냐? 비법 좀 가르쳐주라."

굉장히 뜬금없는 질문이라서 크게 웃을 뻔했다. 나를 못살게 굴 때는 미친 듯 나쁜 사람으로 보였지만 그도 '독재 정권의 앞잡이'이기에 앞서 '평범한 아빠'였구나. 예비 고3의 아빠였구나.

아들의 장래를 걱정하는 아비의 하소연을 들으며 마음이 혼란스러워졌다. 그의 모습은 지금 남영동 대공분실 정문 앞에 종이 상자를 깔고 앉아 있을 우리 아버지의 그것과 크게 다를 바 없었기 때문이다. '그도 인간이다.' 이 사소한 깨달음이 나의 분노를 다소 부드럽게 만들었다. 이들은 죄인이 아니다. 죄인은 저 꼭대기에서 명령을 내리는 자들일 뿐. 우리는,

아니 대한민국에 사는 모든 사람은, 한 줌 악랄한 독재 권력을 제외하고는 공존하는 삶을 살아야 한다. 남영동 대공분실에서 내 분노도 함께 삼켰다.

그날로부터 35년 시간이 흘렀다. 며칠 전 우리 딸이랑 남영동 대공분실 자리에 갔다. '부국해양연구소'라는 위장 간판을 내걸고 민주화 운동가와 학생 들을 고문하고 조사하던, 비명이 그칠 날 없던 그곳은 이제 '민주인권기념관'이라는 현판을 달고 있었다. 내가 조사받은 취조실도 그때 그 모습 그대로 있었다.

"아빠도 여기서 고문을 받았던 거야?"

딸이 조심스러운 목소리로 물었을 때, 목울대가 뜨거워지면서 가슴으로 오열하는 수밖에 없었다. 숱한 사람들의 희생과 절규, 고통의 흔적으로 이제 그곳은 민주인권기념관이 되어 있는 것이다.

〈산티아고에 비는 내리고〉라는 영화가 있다. 칠레 아옌데 정권 치하에서 민주화 운동가들이 고초를 당하는 장면이 나온다. 분명 다른 사람들도 끔찍하게 여기며 보았을 테지만 나는 과거의 악몽이 떠올라 차마 앞을 응시하지 못하고 눈을 질끈 감아버린 장면이 많았다. 영화에서 어떤 사람이 제발 고문하지 말라고 조사관에게 하소연하면서 했던 말이 내 마음을 아리게 했다. "우리도 인간이라니까요!" 우리도 인간이다! 1980년대에 우리가 숱하게 하고 싶었던 말도 그것이었다.

40년 가까운 시간이 흘렀다. 국가 공권력에 의한 폭력은 이제 거의 완전히 사라졌지만 지금은 그때와는 다른 현장에서 '우리도 인간이다!'라고 울분을 삼키는 사람은 있지 않은지 돌아보게 된다.

어둠을 밀어내고 오늘을 이루었다. 공안사범이었던 수배자 학생은 국회 사무총장이 되어 딸의 손을 잡고 과거에 조사받던 취조실을 다시 찾았고, 맞은편에 앉았던 근육질 형사는 지금쯤 팔순 노인이 되어 있을 것이다. 그가 '공부를 잘했으면' 하고 걱정했던 고3 아들도 50대 중반의 나이는 되어 있겠지. 아빠가 원했던 대학에는 갔으려나 모르겠다.

❊❊❊

20여 일간 조사받고 교도소로 옮겨졌다. 작은 창으로 내다보니 플라타너스 이파리가 황갈색으로 물들고 있었다. '이제는 살았구나' 하는 역설적인 안도감이 밀려왔다. 교도소에 들어왔는데 마음이 오히려 편해지는 기분… 겪어본 사람만이 알 것이다. 조사받는 과정에 혹시 동료를 배신할까 봐, 나도 모르는 사이에 신념과 다른 행동을 하게 될까 봐, 나 자신을 믿지 못하는 서글픈 불안감으로부터 해방되는 순간이다.

교도소는 나에게 도서관이 되었다. 숨어 다니는 동안에는 책을 펼쳐도 활자가 눈에 잘 들어오지 않았다. 신분이 드러날까 봐 주물 공장에서 신문을 읽을 때도 한구석에서 몰래 훔쳐보듯 읽곤 했다. 교도소는 그동안 하릴없이 멀어졌던 책과 다시 가까워지는 공간이었다.

당시 교도소는 시국사범으로 넘쳤다. 보안사범은 붉은색 수감 번호 명찰을 달고 있으니 금방 알 수 있었다. 일단 시국 사건으로 들어왔다는 이유 하나만으로 서로 동지애를 느꼈다. 그런데 시국사범이라고 다 좋은 사람만 있는 것은 아니었다. 좀 과격하고, 호들갑스럽고, 시끄러운 사람도 있었다. 교도소 안에서 사회 변혁과 관련한 여러 이론을 갖고 뜨거운 논쟁을 벌이기도 했다. 그 와중에 내가 제일 싫어하는 유형은 자기주장만 옳다고 우겨대는 사람이었다. 자신과 생각이 다른 사람을 만나면 흘겨보거나 심지어 버럭 화를 내는 사람도 있었다. 특정한 진영의 테두리 안에 있다고 무조건 좋은 사람만 있을 수는 없는 법이다. 무조건 나쁜 사람만 있을 수도 없는 법이다. 핵심은 진영이 아니라 각각의 사람이다. 교도소 안에서도 우리 나름의 투쟁은 계속되었다. 일정한 시간에 구호를 외치거나, 벽을 두드리거나, 단식을 하는 등 다양한 투쟁 방법이 있었다. 그런데 교도소에도 나름의 일상이 존재하는 법인데, 걸핏하면 투쟁을 외쳐대는 사람이 있었다. 동참하지 않으면 나약한 사람으로 여기거나 심지어 적대시하는 사람이 있었다. 나는 그런 사람이 싫었다.

감옥에는 독방이 있다. 홀로 외로이 독방 생활을 하면 좋을 것 같지만 전혀 그렇지 않다. 0.75평 독방에서 하루 종일 벽만 보고 앉아 있으면(독방이라고 누워있을 수 있는 것이 아니다) 누구든 2~3일을 견디지 못하고 비명을 지르게 된다. 그런 곳에 수십 년 갇혀 있었다는 사람에게 기꺼이 존경하는 마음까지 갖게 된다.

흥미로운 사실이 있다. 자기주장이 옳다고 목청을 높이거나 걸핏하면 투쟁을 외쳐대는 사람은 독방 생활을 잘 견디지 못했다. 그러니까 사람들 사이에서는 투철한 신념의 소유자이자 투사인 척하지만 홀로 의지를 지키는 일 앞에서는 서툰 사람들인 것이다. 그래서 그토록 '강한 척'했는가 보다.

특정한 진영의 테두리 안에 있다고
무조건 좋은 사람만 있을 수는 없는 법이다.
무조건 나쁜 사람만 있을 수도 없는 법이다.
핵심은 진영이 아니라 각각의 사람이다

겉만 강한 사람은 쉬이 반성문을 쓰는 사람이기도 했다. 공판을 앞두고 시국사범들은 최후 진술을 준비한다. 법정에서 "제 생각이나 행동에 일절 후회는 없으며, 앞으로도 양심에 따라 살아갈 것입니다"라고 소신을 밝히는 것이 일반적이었다. 그런데 형량을 조금이라도 줄여보겠다고 판사나 검사 앞에 남몰래 반성문을 써서 제출하는 시국사범이 있었다. 주로 '겉강파'들이었다. 가장 신념 있는 척하면서 가장 흔들리는 갈대 같은 존재랄까. 외유내강이 아니라 외강내유인 사람들이다. 바람이 휩쓸고 가면 그들은 우수수 고개를 숙였다. 극단주의자는 성향 자체가 파괴적이다. 자신만이 견결한 신념의 소유자인 척하면서 내부에 상처를 주고 단합을 저해한다. 그러한 '겉강파'들은 점차 소수로 고립된다. 그럼에도 고립을 신념의 징표처럼 여기는 기묘한 우월감이 극단주의자들에게는 존재한다. 자신이 워낙 고매하기에 세상이 자신을 질투한다고 여기는 못 말리는 자기중심주의에 빠져 있는 것이다.

극단은 꼭 반대쪽 극단으로 흐르더라. 줄곧 극좌 이념을 외치다가 '생각이 바뀌었다'고 고백하더니 극우로 전향하는 사람들이 있었다. 생각이 균형을 이루었다면 합리적 중도의 자리를 찾는 것이 정상일진대 극단에서 다른 극단으로 옮겨가는 것이다. 그렇게 극단과 극단의 양 끝을 오간 사람들이 요즘에는 86세대 전체를 매도하는 경향을 보인다. 역사를 평가하는 것에 있어서도 극단적 태도를 버리지 못한다.

86세대는 굉장히 범위가 넓은 개념이다. 일단 숫자로만 헤아려도 족히 몇백만 명은 될 것이다. 앞서 이야기했듯, 내가 제작에 참여했다가 경찰에 쫓기게 된 소책자 이름이 〈백만학도〉였다. 당시 대학생 숫자가 100만 명 정도였기 때문에 붙인 이름이다. 따라서 당시 학생 운동에 참여한 학생의 숫자를 추정하자면, 연인원으로 수백만 명은 족히 될 것이다.

그 '수백만 명' 가운데 절대다수는 조용히 자신의 생각을 바꾸었다. 시대의 변화와 세상의 흐름에 맞추어 신념에 조화와 균형을 이룬 것이다. '민주 시민'의 일원으로 평온히 오늘을 살고 있다. 그 '수백만 명' 가운데 아주 일부가 그 시절의 낡은 이념을 근거로 여전히 공방을 거듭하는 중이다. 40년 동안 그러고 있으니 피곤하고 권태로울 따름이다. 세월이 벌써 몇십 년이 흘렀는데 아직 이념 타령이란 말인가. 왼쪽 이념이든 오른쪽 이념이든 마찬가지다.

분명한 사실이 있다. 그들은 수백만 명의 학생 운동 경험자 가운데 극히 일부일 따름이라는 사실이다. 평범한 수백만 명은 평온한 삶을 살고 있고, 그중 극히 일부가 마치 86세대의 모든 것인 양 지나치게 과대 포장되어 있다. 왼쪽이든 오른쪽이든 극단은 볼썽사납다. 특히 한때는 왼쪽 끝에 있다가 갑자기 오른쪽 끝으로 가더니 86세대 전체가 악당이라는 듯 떠들고 다니는 사람들이 가장 눈살을 찌푸리게 만든다. "우리도 인간"이라는 사실을 다시 좀 생각해보았으면 싶다.

◇◇◇

자꾸 5·18이나 6월 항쟁 같은 이야기만 하면 '꼰대' 소리를 듣는다고 아들이 충고한 적 있지만 그래도 할 말은 해야겠다.

1983년 5월이 되자 본격적으로 데모가 시작되었다. 우리 세대가 '5월 광주'에 갖는 부채감에는 아들 세대가 쉬이 짐작하기 어려운 무게가 실려 있다.

지금도 비극적인 참사가 발생하면 젊은이들이 각자 SNS에 추모 글을 올리고, 현장에 달려가 국화 한 송이를 놓아두기도 한다. 우리 세대가 5월 광주를 대하는 심정이 지금 젊은이들의 그것과 크게 다르지 않다.

지금은 온갖 정보가 숨김없이 소통하는 시대이지만 당시는 전혀 그렇지 않았다. 광주에서 그렇게 끔찍하고도 엄중한 일이 일어났는데도 어떠한 정보도 제공되지 않았다. 감히 발설하는 사람이 있으면 '광주를 이야기했다'는 이유 하나만으로 붉은 수감 번호를 달고 감옥과 고문실에 들어가야 하는 시절이었다. 정보가 철저히 통제되어 있으니 의심은 커져만 갔고, 의심이 의심을 낳아 학생 운동의 어떤 '이론'으로 정립되기까지 했다. 당시에 우리는 광주에서 2000명 정도가 학살당한 줄 알고 있었다. 실제로 1980년 5월 광주에서 사망한 사람은 파악된 숫자로 200명 정도다. 2000명 대 200명. 그렇다면 우리는 과장된 뉴스 혹은 가짜 뉴스에 휘둘린 세대였는가. 전혀 그렇지 않다. 지금처럼 정보가 열려 있는 시대에도 어떤 사건이 일어나면 온갖 가짜 뉴스와 음모론이 횡행하지 않은가. 과거에는 정보가 통제되고 있으니 의심은 커질 수밖에 없었고, 그러다 사망자 숫자를 과장되게 인식했을 따름이다. 거대한 착오라고 말할 수는 없는 부분이다. 그렇다고 사건의 본질이 달라지는 것은 아니기 때문이다. "국민을 지켜야 할 대한민국 국군이 총칼을 들고 국민을 학살했다"는 본질에는 조금도 달라지는 점이 없다. 잘못이 있다면 학살을 자행하고 사실을 은폐한 군사 쿠데타 세력에게 있지, 사망자 숫자를 잘못 인식한 민주화 운동 진영에게 있다고 할 수는 없다.

5·18은 우리 세대가 잊고 도망칠 수 있는 사건이 아니었다. '없었던 일'이라고 못 본 척할 수 있는 성격의 일이 아니었다. 나로서는 1남 6녀 대가족의 장남이 짊어져야 할 부양 의무를 생각하며 참으려 애썼지만 그런 나로서도 견딜 수 없는 부채감이 존재했다. 나와 가족의 안위 때문에 수백 명의 학살 앞에 눈을 감는 것은 양심이 허락하지 않는 일이었다. 당시 학생 운동에 참여한 수백만 학생의 생각이 거의 그랬다. 누가 억지로 시켜서 운동권이 되었던 것이 아니다. 똑같은 책임감과 의무감 때문이었다. 그렇게 수백만 학생이 운동에 참여하다 보니 온갖 사람이 다 있었다. 그렇다고 일부의 문제를 이유로 시대의 정의감마저 몽땅 비난하고 조롱할 수는 없는 일이다. 학생 운동 경력을 지나치게 앞세우는 사람도 문제이지만 그렇다고 우리 세대 전체를 지나치게 악마화하려는 사람들 역시 그에 못지않게 문제 있는 사람들 아닐까. 거듭 강조컨대, 어느 쪽이든 극단은 좋지 않다.

◇◇◇

　　대학 캠퍼스는 사복 입은 무술 경관들로 가득했다. 교내에서 기습 시위가 벌어지면 경찰이 도서관까지 밀고 들어와 두들겨 팼다. 시위에 참여한 여학생은 머리채가 붙들려 끌려갔다. 끌려가는 과정, 그리고 취조실에서 온갖 성적인 모욕을 당하기도 했다. 학생 운동의 끝은 수배, 고문, 감옥이었다. 그러한 결과가 자명했지만 푹신한 소파에서 인생을 보낼 수는 없다고 생각했다. 그렇다고 나는 학생 운동에 참여하지 않은 친구나 후배 들을 멸시하거나 비겁하다고 생각하지는 않았다. 사람마다 조건이 다르고, 그들에게도 나름의 이유가 있겠거니 하고 생각했다.

　　학생 운동이 힘들어서 떠나는 친구나 후배도 많았다. 자신의 선택에 따라 떠나는 것이니 억지로 붙잡을 생각은 하지 않았다. 시위에 참여할 것을 강요하지도 않았다. 감옥을 선택하든 안방을 선택하든 어차피 인생은 자기가 사랑하는 방식에 따르는 것이다. 각자 나름의 인생을 산다. 세상과 무관하게 살겠다는 사람을 굳이 세상 안으로 끌고 올 이유는 없다고 생각했다.

하지만 일단 학생 운동에 나선 후배들에게는 엄격하게 대했다. 이왕 하기로 한 것인데 어영부영해서야 되겠는가. 국가와 국민의 운명을 바꾸겠다고 나선 이상, 철학과 신념, 논리가 있어야 한다. 부지런히 책을 읽을 것을 권했다. 고작 이론서 몇 권 읽고 세상을 다 알아버린 듯 교조적인 자세로 으스대는 동료들과는 논쟁을 서슴지 않았다. 그렇다고 내 주장만 옳다고 강변하지도 않았다. 독서를 게을리하거나 편향된 방향으로만 책을 읽는 후배들은 나에게 야단맞았다. 조금 매정하지만 (아니, 매우 매정하지만) 이렇게 말하면서 떠나보낸 후배도 있었다. "그냥 가라, 너 없어도 학생 운동할 사람은 많다."

1984년 학원 자율화 조치가 발표되고 사복 경찰이 대학에서 철수했다. 시위는 더욱 과감하고 격렬해졌다. 1985년이 되자 김영삼과 김대중이 정치 활동을 재개했다. 학생 운동에 대한 전두환 정권의 탄압은 극에 달했다. 군사 정권 입장에서는 학생 운동을 더욱더 거세게 몰아붙여야 재야 민주화 운동 세력과 학생 운동권이 결합하는 것을 막을 수 있다고 생각했을 것이다. 그렇게 진행되는 과정에서 운동권 학생들은 격앙되었고 이념 성향도 갈수록 과격해졌다. 전두환 정권의 술책에 일부 학생 운동권이 넘어간 것이라고 말할 수도 있겠다.

1985년을 전후해 CA(제헌의회)니 NL(민족해방)이니 하면서 노선 투쟁이 격화된 것은 그러한 배경에서다.

'녹화 사업'이라는 미명 아래 남자 대학생들을 강제로 군대에 끌고 갔다. 지금으로서는 상상도 되지 않는 일이지만 그때는 그랬다. 끌려간 학생들은 최전방 사단에 배치되었다. 그중에는 보안사 같은 곳에 끌려가 고문을 받고 프락치가 될 것을 강요받는 사례도 흔했다. 핵심 운동권일수록 그런 일을 겪었다. 공안기관에 끌려가기 전에는 누구든 이렇게 말한다. "고문에 굴하지 않고 의연히 대처하겠다." 하지만 막상 취조실 책상 앞에 홀로 앉으면 공포감에 짓눌리고 신념이 흔들린다. 세상에서 가장 참혹한 일 가운데 하나가 '내가 나 자신을 믿지 못하는 것'이다. 그때 내가 그랬다. 주위 동료들에게는 어떤 일이 있어도 신념을 지키겠다고 약속했지만 막상 군대에 끌려가거나 체포되면 어떻게 될까… 나 자신을 믿지 못하겠더라. 그게 그렇게 슬프고 참혹하더라.

전두환 정권은 철권을 휘둘렀다. 저항의 강도 또한 높아져 갔다. 주변 선배와 친구들이 하나씩 죽었다. 학생회관 옥상에서 몸을 던진 학생도 있었고 자기 몸에 불을 지르는 학생도 있었다.

1986년 5월, 신림동 사거리에서 집회가 열렸다. 학생들을 전방 군부대에 끌고 가는 것에 반대하는 집회였다. 운동권 학생 두 명이 자기 몸에 불을 지르고 건물 옥상에서 뛰어내리는 광경을 눈앞에서 목격했다. 경찰이 토끼몰이식으로 시위대를 진압하는 과정에 벌어진 일이었다. 떨어진 간판에 살점이 녹아내렸다. 살 타는 냄새가 사방에 진동했다. 슬픔과 분노에 몸을 떨었다. 며칠 동안 아무것도 먹을 수가 없었다. 우리가 살았던 1980년대는 그랬다. '정의 사회 구현'을 앞세워 쿠데타로 집권한 정권 치하에 벌어진 일들이 이랬다.

그 시대에 벌어진 사건 중에는 학생 운동권이 반성할 대목이 있는 것도 사실이다. 그렇다고 당시 학생 운동 자체를 폄훼하는 시도 또한 분명한 극단이다. 시대의 한복판에서 몸부림쳐본 적 없는 사람이 목숨을 걸고 싸웠던 사람을 싸잡아 손가락질할 수는 없는 일이다. 그때 우리는 침묵해야 했을까. 조용히 순응했더라면 오늘의 민주주의는 존재했을까. 극단과 극단이 날카롭게 대립하는 광화문 광장에서 새삼 그것을 묻는다.

세 번째 맛

...

**훌륭한 사람이
되어야 한다**

도리뱅뱅이

사람이 타인을 기억하는 방식에는 여러 경로가 존재한
다. 그중 하나는 특정한 음식이나 식재료와 연관해 사람을 기
억하는 것이다. 그와 함께 먹었던 음식이라든지, 특별한 식습
관이라든지, 음식을 먹는 과정에 발생했던 에피소드. 같은 음
식, 같은 식재료를 놓고도 여러 추억을 겹쳐 떠올릴 수도 있
다. 분명 똑같은 음식인데 누구와는 좋은 기억으로 남아 있고,
다른 누구와는 악몽과도 같은 기억이 엄습한다. 특정한 식재
료로 맛있게 먹은 기억이 있을 수 있고, 분명 동일한 식재료로
만들었는데 요리한 사람에게 불만을 느낀 기억이 있을 수도
있다. 다양한 음식과 식재료에 대한 경험과 기억이 우리 인생
에는 실타래처럼 뒤엉켜 있다. 민물고기를 바라볼 때 나는 그
렇다. 어린 시절이 생각나기도 하고, 노무현 대통령이 겹쳐 떠

오르기도 한다.

　어린 시절 이야기부터 해보자. 강원도가 고향인 사람을 외지인들은 극단적인 양 축으로 바라보는 것 같다. 강원도는 온통 산골이라 생각하고 "옥수수, 감자만 먹고 자랐겠네요"라고 다소 싱거운 농담을 던지는 사람이 있고, "강원도 출신이니 해산물을 많이 먹고 자랐겠네요"라고 말하는 사람도 있다.

　같은 강원도이지만 강릉, 동해, 삼척, 속초, 고성, 양양에서 자란 사람의 추억이 있고, 홍천, 횡성, 정선, 인제, 평창, 원주, 철원에서 자란 사람의 추억이 다를 것이다. 내륙에서 나서 자란 나로서는 솔직히 해산물을 구경할 기회조차 드물었다. 평창, 원주에서 태백산맥을 넘어 강릉, 동해에 가는 것보다 차라리 서울에 가는 것이 교통편이 더 수월한 시절이었다. 그래서 '물고기'에 대한 내 기억은 바다가 아니라 대체로 강이나 냇가 쪽으로 기운다.

❀❀❀

　나는 1965년 강원도 평창군 평창읍 중리에서 태어났다. 아버지와 어머니 사이 1남 6녀 가운데 외아들로 태어났다.

위로 누님이 한 분, 아래로 여동생이 줄줄이 다섯이다. 그 시절 시골에 살았던 많은 사람이 그렇듯, 내 어린 시절 기억도 상당 부분 가난과 결부되어 있다.

우리 집은 증조부가 진사 벼슬을 해서 "이진사 댁"이라 불리는 집안이었다. 그때만 해도 재산이 좀 있었던 것 같다. 그런데 증조부는 아들을 셋이나 두었는데, 둘째 아들인 우리 할아버지는 재산을 거의 물려받지 못했다. 그래도 할아버지는 형님들을 원망하지 않고 우직하게 땀 흘리며 농사를 지었다. 우리 할아버지 별명이 '곰'이었다. 힘이 장사라서 단오날 씨름대회에 나가 송아지를 상으로 받아오기도 하셨다고 한다. 할머니는 쌀을 아끼려고 점심 식사를 건너뛰셨다. 내외가 부지런히 살았다.

내 생활 습관의 대부분은 할아버지에게 물려받은 것 같다. 할아버지는 매일 새벽 가장 먼저 일어나 논에 물을 대고 오는 것으로 하루를 시작하셨다. 논일 나가실 때 나를 흔들어 깨웠다. 할아버지가 돌아오실 때까지 나는 마당은 물론 대문 앞 신작로까지 깨끗하게 쓸어놓아야 야단을 맞지 않았다. 초등학교 3학년 때까지는 어머니가 만든 두부를 배달하는 일도 했다. 지역 유지들 집을 찾아다니며 두부를 배달하고 돌아와야 '밥 먹을 자격'이 생겼다. 부리나케 아침 먹고 등교했다. 가난이 사람의 삶에 어떤 영향을 미치는지, 어린 시절 크고 작은 경험으로 배웠다.

평창에는 해마다 노성제라는 축제가 열린다. 축제에 아이들은 가장행렬을 했다. 주로 조선 시대 어가 행렬 같은 것을 흉내 냈는데, 아이들이 각자 임금, 왕비, 장군, 나졸, 궁녀 역할 등을 맡았다. 어린 시절이라 누구나 임금이나 왕비 역할을 맡고 싶어 했다. 그런데 나중에 보면 부잣집 아들딸이 임금, 왕비 역할을 차지하는 것이 자연스러운 결과로 나타났다. 그런 결과에 의문이나 불만을 품는 어린이는 없었다. 그저 '그러려니' 하던 시절이었다. 나는 항상 나졸 역할을 맡았다. 나중에 우리 집이 좀 잘살게 되었다. 말단이기는 하지만 아버지는 공무원이고 어머니가 두부 공장과 방앗간을 하면서 가정 형편이 눈에 띄게 좋아졌다. 그때 우리 막내 여동생이 가장행렬에서 왕비 역할을 맡게 되었다. 오랜 시간이 지났지만 나에게는 강렬한 기억으로 남아 있다. 초등학생들의 가장행렬 하나도 빈부에 따라 지위가 달라지는구나.

부잣집 아이들은 어렸을 때부터 자연스레 '리더' 역할을 맡는다. 그러한 방면으로 능력과 자질을 키우게 된다. 좋은 대학에 가고, 좋은 일자리를 갖고, 비슷한 경제와 교양 수준의 배우자를 만나고, 자신의 자녀도 가장행렬에서 임금이 될 수 있는 '역할'의 기회까지 물려준다. 부와 명예는 그렇게 대물림된다.

내가 자라던 시절은 그래도 그나마 '개천에서 용 나는' 것이 가능하던 시절이었다. 자본주의가 완전히 고착되지 않았고, 가난한 우리 집이 중산층으로 빠르게 올라섰던 것에서 알 수 있듯, 신분 상승의 사다리가 남아 있던 시절이었다. '노력'이라는 용어를 감히 사용할 수 있는 시절이었다. 노력하면 되는 시절이었다. 그런데 지금 젊은이들에게 "노력하라" 말하면 모욕이 될 수도 있다는 사실을 깨닫는다. 출발선이 다르기에 노력해도 안 되는 세상이 되었다. 청년들에게 미안하고 송구할 따름이다. 왜 우리 사회가 이렇게 되었을까 반성하고 후회하면서, 앞으로도 어떤 나라를 만들어야 할 것인지 각오한다.

❖❖❖

그 시절 가난에 대한 기억을 더듬자면 평창초에 다니

다 5학년 때 정선 함백초로 전학 갔을 때의 충격(?)을 회고하지 않을 수 없다. 당시 함백은 탄광이 크게 개발되어 광부들의 가족이 몰려들었다. 사실 함백은 지명이 아니고 탄광 이름이다. 지명으로는 정선군 신동읍 조동리에 해당한다. 그런데 함백 탄광이 워낙 유명하다 보니 기차역도 함백역이 되었고, 초등학교도 함백초, 우체국도 함백우체국으로 바뀌었다. 함백은 외진 곳이지만 함백초는 한 학년에 여덟 개 반이나 있을 정도로 학생 수가 많았다. 인구가 많으니 상업이 흥성했다. 아버지가 공무원 생활을 그만두고 함백으로 이사한 이유도 그것 때문이었다.

탄광촌은 탄가루가 날려 강물이 온통 먹물처럼 까맸다. 아이들은 거칠기 그지없었다. 내 기억에 따르면 당시 공무원이 4만 원 정도 월급을 받을 때 탄광에서 일하는 광부는 12만 원 정도 받았다. 물론 안전 장비도 제대로 갖추지 못한 채 막장에 내몰려야 했고, 탄가루를 하도 들이마셔 탄부들의 평균 수명은 일반인에 비해 턱없이 짧았다. 공무원 세 배 급여는 목숨값이라 볼 수 있었다. 어찌 되었든 덕분에 함백은 "지나가는 개도 만 원짜리 지폐를 물고 다닌다"는 말이 있을 정도로 경기가 좋았다. 탄광 노동자들이 간조(품삯)를 타는 날이면 함백 상가 가게마다 문전성시를 이루었다. 목숨 걸고 막장으로 들어가는 사람들, 급여를 받으면 오늘이 인생의 마지막 날이라는 듯 먹고 마시는 사람들… 그 풍경이 묘하게 대조적으로 기억에 남아 있다.

술에 취한 사람들끼리 싸우는 소리가 밤새 들렸다. 부부 싸움 하는 소리가 담장 넘어 온 동네에 울렸다. 남편이 아내를 구타하는 끔찍한 일도 당시에는 흔했다. 그러다 이혼하는 부부도 생겼다. 지금이야 이혼이 흠결이 아닌 시대이지만 당시에는 이혼을 일종의 결격 사유로까지 여기던 시절이었다. 나는 그때 '이혼'이라는 말을 처음 들었다. 부모가 이혼한 집안 아이들이 무척 힘들어한다는 사실을 직접 눈으로 보고 공감했다(물론 이혼 가정의 자녀 중 바르게 잘 자란 사례도 아주 많다).

주먹 자랑하는 아이들이 많았다. 초등학교나 중학교에서 퇴학당한 아이들이 많았다. 불량소년들끼리 한구석에 몰려 앉아 담배를 피우다가 약한 아이들을 괴롭혔다. 가난과 폭력, 그것의 대물림에 대한 암울한 풍경으로 함백 시절은 내 기억의 도화지 위에 그려져 있다.

아버지가 사업장을 옮기며 이번에는 예미초로 전학했다. 예미초가 있는 정선군 신동읍 예미리는 깊은 산골이라 가난한 집이 아주 많았다. 목숨값이기는 하지만 돈이 넘쳐 흥청 망청하는 동네에 살다가 화전민 후예들이 사는 조용한 산골 마을로 이사 오니 롤러코스터를 타는 느낌이었다. 당시에는 초등학생도 일종의 수업료라 할 수 있는 '육성회비'라는 돈을 학교에 내야 했다. 매월 몇백 원 정도밖에 되지 않는 육성회비를 내지 못하는 아이들이 있을 정도로 가난한 마을이었다. 육성회비를 못 낸 아이들은 벌을 받았다. 육성회비를 잊고 가져오지 않은 것이 아니라 육성회비를 낼 수 '없는' 것인데 가난을 이유로 체벌받다니, 어린 마음에도 그 광경이 충격이었다.

육성회비를 못 낸 아이들은 부모가 학교에 나와 잡일을 해야 했다. 속된 말로 '몸으로 때워야' 하는 일이다. 학급 친구의 부모가 학교에 나와 석탄 덩어리 쪼개는 일을 했다. 그것이 부끄러워 친구는 학교에서 도망쳤다. 그 뒤로 친구가 학교에 제대로 다닐 수 있었을까. 한 사람의 인생에 대한 보이지 않는 폭력이 아무렇지도 않게 자행되던 시대였다.

우리 집은 농사를 짓고 장사를 했으니 다른 친구들보다는 경제적 형편이 나은 편이었다. 한번은 어느 친구가 개구리 튀긴 것을 도시락 반찬으로 가져온 것을 보고 충격을 받았다. 그 친구의 도시락에는 매번 감자와 옥수수가 들어 있었다. 쌀

밥은 찾아볼 수 없었다.

어머니에게 도시락을 두 개 싸달라고 부탁했다. 하나는 내가 먹고, 다른 하나는 개구리 반찬을 싸 온 친구에게 주려고 그랬다. 어머니는 아무것도 묻지 않고 도시락을 두 개 싸주셨다. 친구 책상 서랍에 도시락을 몰래 넣어두었다. "다 먹고 여기 놓으면 내가 다시 가져갈게"라는 쪽지를 남겼다. 점심시간에 친구는 도시락의 존재를 확인하고는 깜짝 놀라는 표정이었으나 먹지는 않았다. 친구가 손도 대지 않은 도시락을 집에 들고 돌아오면서 어쩌나 섭섭하고 마음이 아팠던지…. 그래도 꾸준히 도시락을 넣어두었더니 어느 날은 친구가 도시락 뚜껑을 열었다. 어쩌나 기쁘던지 모른다.

몇 개월이 지나 책상 서랍에 도시락을 넣다가 친구에게 들키고 말았다. 서로 무안해지는 순간이었지만 그날 이후로 우리는 둘도 없는 친구 사이가 되었다. 서로 집에 놀러 가기도 하고, 공부도 같이했다. 생각했던 대로 그의 집은 정말 '찢어지게' 가난했다. 이렇게 사는 집도 있구나 싶을 정도였다. 어느 날은 어머니에게 부탁해 쌀 두 말을 자전거에 싣고 친구 집에 놀러 갔다.

시간이 지나 그 친구가 죽었다는 소문을 들었다(사실인지는 정확하지 않다). 뱀에게 물려 죽었는데 가난한 사람은 병원에 가서 변변한 치료조차 받을 수 없는 시절이었다. 큰 병원이 있는 도시로 나갈 교통편도 변변찮았다. 그저 민간요법에 의지하다 독이 퍼져 죽었다. 뱀이 아니라 가난에 물려 죽은 것이다.

◌◌◌

우리 집은 부자는 아니지만 '딸 부잣집'은 맞았다. 나는 딸만 여섯인 집안에 외아들이라 어른들의 사랑을 독차지하며 자랐다. 남존여비 사상이 자연스레 여겨지던 시절이었다. 아버지는 자전거 뒷자리에 나를 태우고 종종 낚시를 나가셨다. 평창 여만 냇가가 아버지가 즐겨 찾는 낚시터였다.

'낚시'라고 표현했지만 사실은 그물을 던지는 투망법인데, 한번 던지면 물고기가 한 망태기씩 잡혔다. 오대산에서 발원한 여만 냇가는 밑바닥 자갈까지 햇볕에 반사해 반짝일 정도로 맑고 투명하기로 유명하다. 꺽지, 피라미 같은 물고기들이 잔뜩 헤엄치며 다녔다. 잡은 물고기는 양동이에 담았다. 자전거 손잡이에 양동이를 걸고, 뒷좌석에는 나를 태우고, 천천히 오솔길 따라 자전거 끌며 아버지는 집으로 돌아갔다. 그럴 때마다 검붉은 노을을 배경 삼아 아버지는 큰 목소리로 말씀하셨다. "광재야, 훌륭한 사람이 되어야 한다."

그 말씀이 어제처럼 또렷이 기억에 새겨져 있다. 말투와 목소리까지 녹음하듯 심장에 기록되어 있다. 그 말씀은 높은 직위에 올라간 대단한 사람이 되라는 뜻으로 하신 말씀은 아니었다. 인격적으로 훌륭한 사람이 되라는 어조로 풀이된다. 분명 그런 뜻으로 하신 말씀이실 것이다. 가난한 집안이든 풍족한 집안이든, 우리네 부모님은 그런 바람으로 우리를 키우고 가르쳤다. 당신 기대대로 컸는지 지금의 나를 돌아보곤 한다.

아버지가 잡은 민물고기로 어머니는 매운탕을 끓였다. 어종을 가리지 않고 한 솥에 끓인 것이니 잡어탕이라 불러야 할 것이다. 거기에 밀가루를 뜯어 넣어 수제비처럼 먹었다. 지금도 민물고기를 볼 때면 그때의 수제비 매운탕이 겹쳐 떠오른다. 생선류를 쉽게 맛볼 수 없는 우리 강원도 산골 출신들에게는 생선에서 나오는 영양분을 섭취할 수 있는 흔치 않은 경로였다.

◇◇◇

노무현 대통령과 추억이 얽힌 음식은 많다. 함께했던 시간이 20년은 넘으니 그와 함께했던 식사만 족히 수백 번은 될 것이다. 함께 먹은 음식의 종류만 수백 종은 헤아린다. 그 가운데 유난히 기억에 남는 음식이 있다. 도리뱅뱅이.

도리뱅뱅이라는 음식이 무엇인지, 이름조차 들어본 적 없는 독자도 꽤 많을 것이다. 이름이 특이하고 이국적으로 느껴지기까지 하지만 그리 거창한 요리는 아니다. 피라미를 튀기고 구운 요리다. 프라이팬 같은 넓은 냄비에 물고기 수십 마리를 뱅글뱅글 돌리듯 배열해 식탁 위에 내놓는다. 그래서 도리뱅뱅이라고 부른다.

독특한 이름과 달리 요리 방법은 생각보다 간단하다. 피라미나 빙어 내장을 깨끗이 손질하고 길쭉하게 펴서 팬에 둥글게 돌려 깔아놓는다. 작은 물고기를 손질하는 일이다 보니 이 과정이 가장 번거롭고 어렵다. 잘 배열된 고기 위에 기름을 많이 부어 튀기듯 굽는다. 구워지면 기름을 따라낸다. 튀긴 고기에 고추장 양념을 하고 다시 살짝 굽는다. 매콤하면서도 바삭한 식감의 튀김 요리가 완성된다. 반찬으로도 먹지만 술안주로 제격이다.

도리뱅뱅이는 중부 내륙 지방, 특히 충청도 지역에서 많이 먹는 음식인데, 그곳이 민물고기가 많이 잡히는 지역이기 때문이다. 금강 유역, 대표적으로 옥천군이 도리뱅뱅이로 유명하다. 예전 대통령 별장이 있던 청남대 근처에도 도리뱅뱅이 맛집이 여럿 있다(노무현 대통령은 취임하자마자 청남대를 민간에 개방하고 소유권을 충청북도에 넘겼다. 대통령으로서 권력의 달콤함을 누릴 수 있었던 '전용 별장' 이용권을 국민 모두에게 돌려준 것이다).

청와대 식사가 밍밍하고 맛이 없다. 아마도 대통령의 건강을 생각해 요리사가 일부러 그러는 것 같은데, 간을 좀 세게 해달라고 부탁해도 소용없었다. 대통령의 육신은 자기 개인의 것이 아니니 대통령의 식단을 책임지는 담당자들이 만들어주는 대로 먹는 수밖에 없다.

노 대통령은 가끔 자극적인 음식을 찾았다. "도리뱅뱅이가 먹고 싶은데…"하면서 소년 같은 미소를 지을 때가 있었다.

노 대통령이 국회의원이던 시절에 강원도 정선에 함께 출장을 갔던 적이 있다. 도리뱅뱅이를 그때 처음 드셨는데, 맛을 잊지 못하셨던 것 같다. 대통령이라도 마음대로 할 수 없는 일이 많다. 음식조차 마음대로 먹지 못한다. 그런 모습이 애잔해, 옥천 쪽으로 업무차 가는 직원이 있으면 돌아오는 길에 도리뱅뱅이를 좀 사달라고 부탁했다. 대통령의 갈증과 스트레스를 풀어드릴 수 있는 비서진의 작은 선물에 불과했다. 무척 흡족해하시면서 "막걸리도 있으면 좋을 텐데"하고 거절할 수 없는 미소를 짓곤 하셨다.

민물고기를 보며 어린 시절을 추억하고 노무현 대통령을 떠올리기도 한다. 한쪽으로는 가난했던 시절을 회상한다. "훌륭한 사람이 되어야 한다"고 용기를 북돋아주시던 아버지가 떠오른다. 다른 한쪽으로는 대통령이라는 화려한 이름의 이면에 어려 있던 외로움 같은 것이 떠오른다. 열심히 일하려는 의욕이 넘치던 청와대 시절을 돌아본다. 음식이나 식재료 하나가 우리에게 여러 장면을 겹쳐 떠오르게 만든다. 돌아갈 수 없는 시간이라는 측면에서는 어느 쪽이든 똑같지만 음식을 통해 시간을 뛰어넘기도 한다.

✧✧✧

"국가란 무엇입니까?"그런 질문을 자주 듣는다. 대학

정치학과 1학년 때 필수로 듣는 과목 가운데 하나가 '국가론'이다. 국가로 시작해 국가로 끝나는 것이 정치라고 말해도 과언이 아니다. 그래서 정치란 무엇인가를 논하는 것은 국가는 무엇인가를 정의하는 것과 비슷하다.

국가의 정의와 역할과 대해서는 수많은 이론이 있다. 정치학자마다, 정치인마다 각각의 국가론을 앞세운다. 10인 10색, 100인 100론의 국가론이 존재한다고 보아야 할 것이다. 하지만 크게 보아서는 국가를 강압적인 폭력 기구로 볼 것인지, 자애로운 자치 기구로 볼 것인지에 따라 입장이 바뀐다고 해야 할 것이다.

사실은 둘 다 맞는 견해다. 인간 개개인은 힘이 약하다. 그래서 집단을 이룬다. 그것을 우리는 사회라는 이름으로 부른다. 인간은 사회적 동물이라 하지 않는가. 그러한 사회적 기구의 확장으로 생겨난 것이 국가다. 나를 보호해줄 집단을 찾다 보니 최대한의 (혹은 최소한의) 개념으로 생겨난 것이 국가다.

집단이 개인을 보호하려면 내외부 공격으로부터 개개인을 지켜줄 수 있어야 한다. 다른 집단의 공격으로부터 우리 집단을 보호할 수 있는 '힘'이 필요하다. 그런 힘을 국가의 실체로 보는 이론도 있다. 힘은 군대나 경찰 같은 무장력일 수도 있고, 법률과 제도 같은 강제력일 수도 있다. 막스 베버는 근대 국가를 "정당한 물리적 폭력 행사의 독점을 실효적으로 요구하는 인간 공동체"라고 정의한 바 있다. 오직 국가만이 공동체를 지키기 위해 폭력을 행사할 수 있다고 한정한 것이다.

어찌 되었든 힘이 있어야 국민을 지켜줄 수 있는데, 국민의 생명과 안전을 지켜달라고 용인한 그 '힘'이 오히려 국민을 옥죄는 예상치 못한 결과가 나타날 수도 있다. 국가의 물리적 통제력은 필요하지만 그렇다고 국민 개개인의 자유와 권리를 억압해서는 안 된다. 그러한 양면성을 잘 조율해나가는 것이 정치다. 힘만 자랑하면 국가는 국가가 아니게 된다.

국가가 국민을 보호하는 최소한의 역할만 담당하는 국가가 야경국가다. 독일어 Nachtwächterstaat를 번역하다 보니 야경국가라는 말이 탄생했는데, 야경꾼은 마을을 지키기 위해 야간에 순찰하는 방범대원을 뜻한다. 국가(정부)가 딱 그 정도 역할에만 머무르고 있다고 비판한 프로이센왕국의 사상가 페르디난트 라살이라는 사람의 연설에서 이 용어가 유래했다. 야경국가를 넘어서야 한다는 뜻이다. 하지만 야경국가를 지지하는 사람들도 있다. 국가가 최소한의 역할에 머물러야 개인의 권한이 커질 수 있다는 주장이다. 국가의 힘이 커질수록 국민 개개인의 삶은 침범당할 수 있다고 걱정하는 견해이기도 하다. 야경국가를 지지하는 사람들을 미나키스트minarchist 라고 부른다. 최소를 뜻하는 'minimum'과 지배를 뜻하는 그리스어 'Arche'를 합친 말이다. 미나키스트를 넘어 국가의 필요성 자체를 부정하는 사람들을 아나키스트anarchist 라고 부른다.

야경국가를 넘어선 개념이 복지 국가다. '작은 국가(정부)'를 추구하는 사람에도 여러 부류가 있기 때문에 작은 정부를 지향한다고 다 미나키스트라고 말할 수는 없다. 한편, 야경국가 수준을 넘어섰다고 다 복지 국가라고 말할 수도 없다. 지금 우리 사회가 그렇지 않은가. 겉으로는 복지 국가를 지향하지만 국민의 생명과 안전을 지키는 야경국가로서의 '기본'조차 제대로 이행하지 못하고 있다는 탄식과 비판의 목소리가 높다. 중요한 것은 야경국가니 복지 국가니 하면서 현재 상태를 말과 글로 표방하는 데 달려 있지 않다. 어떻게 실천하고 구현하고 있느냐에 달려 있다.

복지 국가는 국민의 삶이 달라질 수 있도록 적극적으로 노력하는 것을 국가의 의무로 삼는다. 야경국가적(혹은 자유주의적) 관점에서 국가는 국민을 내외부 폭력으로부터 보호해줄 따름이고, 국민이 먹고사는 문제는 국민 스스로 해결할 영역에 속한다. 궁핍은 개인의 잘못이지 사회의 탓이 아니라는 시각으로 보는 것이다. 하지만 "먹고사는 문제는 각자 알아서 하라"는 말 자체가 '폭력'이 되는 상황이 존재한다. 게으르고 능력이 없어서 못 먹고 못사는 것이 아니라 사회의 구조 자체가 아무리 열심히 노력해도 신분의 속박을 벗어날 수 없다면, 그런 사람에게 "노력하라"라고 말하는 것은 일종의 폭력이 되는 셈이다.

'굶주리지 않을 자유, 배고프지 않을 권리'라는 개념이 이때 등장한다. 자원은 한정되어 있다. 자원을 획득하고자 하는 사람은 많다. 그러니 자원 배분에 소외된 사람도 존재하기 마련인데, 소외된 사람을 마냥 방치하면 우리가 살아가는 세상은 동물의 왕국과 다를 바가 없어진다. 인간 세상은 동물 세계와는 다른 '최소한의 무엇'이 존재해야 하지 않겠는가. 그래서 국민 개개인이 '인간다운 삶'을 유지할 수 있도록 보장해주는 것이 국가의 역할이라는 개념이 등장한다. 장애인을 돕고, 사회적 약자를 지원하고, 최저생계 이하로 살고 있는 사람에게 보조금을 지급하는 제도 등이 이러한 초보적 복지 국가 단계에 해당한다.

2차 세계대전이 끝날 무렵 처칠이 남긴 유명한 말이 있다. "지금까지는 히틀러와 맞서 싸웠지만 앞으로는 빈곤, 질병과 맞서 싸우게 될 것이다." 2차 세계대전 이후 세계 질서가 어떻게 재편될 것인지 처칠은 정확하게 내다보고 있었다.

'빈곤, 질병과 맞서 싸운다'는 말은 사회적 불안 요소를 제거하는 것을 뜻한다. 가난한 사람이 많은 나라에 안정적 발전이 가능할 수 있을까? 아픈 사람이 많은 나라에 웃음꽃이 만개할 수 있을까? 가난하고 아픈 사람이 많은 나라에는 불평과 불만이 가득하기 마련이고, 과격한 사상 이념에 사로잡힌 사람들이 자라날 토양 또한 만들어진다. 그래서 '빈곤, 질병과 맞서 싸운다'는 처칠의 말은 사회주의 공산주의자들이 자라날 토양을 사전에 제거하고 방지하겠다는 뜻을 담고 있다. 이른바 '선제적 복지'를 단행하겠다는 것이다. 이는 사회적 안전망으로서 복지에 대한 개념이다. 가난한 사람들이 늘어나면 사회 안전이 위협받을 수 있으니 '내가 안전하기 위해 저들을 돕겠다'는 구휼의 관점이라고 할 수 있다. 국가가 최대한 적극적인 역할을 해줄 것을 주문하는 사람들에게는 굉장히 미흡해 보이는 관점이지만 어찌 되었든 초보적 복지 국가 개념에서는 한 발짝 더 나아간 개념이기도 하다. 사회 의료 보험이나 국민연금 제도가 이러한 범주 안에 해당하는 복지 제도다.

1941년 8월 14일 처칠과 루스벨트가 합의한 '대서양 헌장Atlantic Charter'에 이런 내용이 있다. "전 세계 인민들이 공포와 궁핍에서 벗어나 자유 속에 일생을 살 수 있도록 평화가 확립되기를 희망한다." 궁핍에서 벗어나고 상부상조하는 것이 진정한 의미에서 자유의 시작이다. 그러한 노력 없이 자유만 수백 번 외쳐댄다고 자유 국가가 되는 것이 아니다.

애덤 스미스는 국가의 역할을 세 가지로 정리했다. 외부의 공격으로부터 내부를 지키는 역할, 내부의 폭력으로부터 개개인의 안전을 보호하는 역할, 그리고 공공재를 공급하는 역할. 이중 세 번째 '공공재 공급'에 대해 생각해볼 필요가 있다. 학교를 짓거나 발전소를 만들고 도로와 철도를 놓는 일은 사회 구성원 전체에게 분명 도움이 되는 일이지만 개인의 역량으로 추진하기에는 한계가 있는 일이다. 서로 '당신이 하시오' 하면서 역할을 떠넘기면 아무도 손을 대지 않는 방치 상태에 빠질 수 있다. 그런 부분에는 국가가 나서서 공공 투자를 해주어야 한다는 것이 애덤 스미스의 주장이다. 자유주의자인 애덤 스미스도 비록 한정되기는 했지만 국가의 책임과 역할을 강조했던 것이다. 현대 정치는 '국가'에 대한 개념이 갈수록 확장되어 온 역사다.

국민 개인의 삶을 통제하고 억압하는 수준이 아니라면 국가는 적극적인 자기 역할을 발휘해야 마땅하다. '최소한의 정부'를 앞세우면서 굳이 국가의 역할을 축소할 필요가 없는 것이다. 따라서 정치 지도자가 "최소한의 정부를 만들겠다"라고 강조하는 것은 어쩌면 자기 책임과 임무를 회피하겠다는 변명과도 같이 들린다. 국가가 할 일을 하지 않겠다고 선언한 정치인을 정상적인 지도자라고 말할 수 없을 것이다.

◇◇◇

"산업화 40년, 민주화 40년." 산업화를 하던 시기에 민주화가 아예 멈추었던 것이 아니고, 민주화 이후로 산업화가 멈춘 것도 아니기 때문에 기계적 이분법을 취할 필요는 없지만 대체로 이렇게 나누어 말한다. 산업화 40년의 변화가 컸을까, 민주화 40년의 변화가 컸을까? 어느 한쪽의 우위를 따질 수도 없을 것이다.

다만 유념할 점이 있다. 산업화는 외형적 성과로 보이는 영역이기 때문에 '자랑할 거리'가 많다는 사실이다. 민주화는 눈으로 잘 실측되지 않는다. 1980년대가 1950년대보다 경제적으로 훨씬 잘살게 되었다고 통계와 지표로 보여줄 수는 있지만 2020년대가 1980년대보다 민주주의가 진척되고 복지 수준이 나아졌다고 수치로 증명하는 일은 여간 쉽지 않다. 물론 예컨대 정치범 숫자, 여성 취업률, 국회의원 가운데 여성 비율, 의료보험 혜택을 받는 국민의 숫자 등으로 민주주의와 복지의 성과를 수치로 보여줄 수도 있지만 어찌 되었든 민주화와 복지는 '느낌'으로 다가오는 영역이 더 크다.

민주와 복지에 있어서는 얼마나 달라졌는가. 1970년대와 2020년대에 사회적 약자를 대하는 태도는 크게 달라졌다. 국가가 국민의 생명과 안전을 지켜주어야 한다는 관점이 국민들 사이에 확고하게 자리 잡았고, 차별, 폭력, 억압적인 사회 분위기도 많이 일소된 것이 사실이다. 이 분야에 있어서도 우리는 '획기적 성장'을 이룬 셈이다. 반세기 전과 지금은 인권 상황이 비교조차 되지 못한다. 하지만 그럼에도 우리에게 남겨진 숙제 앞에 더욱 겸허해지지 않을 수 없다. 나라는 선진국이 되었다는데 국민은 여전히 불행하다고 여기는 새로운 모순 말이다.

단도직입적으로, 지금 우리나라는 자살률 세계 1위다. 청년 자살률 세계 1위다. 노인 빈곤율 세계 1위다. '경단녀'

라 불리는 성차별과 여성 고용률은 OECD 국가 가운데 최악의 수준이고, 출산율 역시 최악의 꼴찌다. 나라는 선진국이라는데 아이들은 줄어들고, 청년은 일자리가 없고, 노년이 되어도 생계를 걱정하고, 여성은 일자리를 뺏기고, 결혼하지 않으려 하고, 아이를 낳지 않으려 하고, 어떤 계층도 행복하지 않은 것처럼 보이는 국가가 대한민국이다. 우리는 왜 이렇게 되었을까? 국민이 가져가야 할 것을 국가가 뺏어간 것 아니냐는 '강탈 국가론'까지 나올 지경이다.

우리가 어디서부터 어떻게 잘못된 길로 들어섰는지 면밀하게 돌아보아야 한다. 여러 이유가 있겠지만 국가의 역할을 방기하고 '시장이 알아서 해주겠지' 혹은 '국민 개개인이 알아서 살아갈 일'이라고 각자도생의 정글 안에 대한민국을 방치해둔 것은 아닌지 돌아보아야 한다.

국가가 알아서 해줄 테니까 우리는 게을리 살아도 된다고 생각하는 사람이 늘어나서 망한 나라는 없다. 이른바 복지 포퓰리즘으로 문제를 겪은 나라는 사실은 복지 제도를 과도하게 구축해 그런 상황에 처한 것이 아니다. '국가가 아무것도 해주지 않는다'는 절망감이 팽배한 가운데 갑작스럽게 국민 각자에게 돈을 쥐여주겠다는 정치인이 등장하면서 빚어진 비극이다. 우리나라는 그러한 남미식 포퓰리즘을 받아들일 정도로 국민의 교육 수준이 낮지 않다. 부작용도 많지만 어찌 되었든 우리나라는 교육열이 높고(세계 최고 수준으로 높고), 고등교육 이수율 또한 높은 것이(OECD 1위다) 우리나라 최고의 강점이다. 한 단계 업그레이드된 복지 국가, 교육 국가로 다시 태어나야 한다. 국가의 역할을 한층 높이면서 복지와 교육 제도를 전반적으로 재정비해야 한다. 문제가 심각하다는 아우성이 높을 때가 역설적으로 개혁의 적기다. 문제는 국민에게 있는 것이 아니라 문제의 심각성을 모르는 정치인에게 있다. 문제를 해결하기보다 상대편을 악마화하기에만 바쁜 우리의 정치 현실에 있다.

도리뱅뱅이는 뱅글뱅글 원을 그리며 뭉쳐 있어 노무현 대통령은 도리뱅뱅이를 먹을 때마다 "미안해서 못 먹겠군" 하며 장난스럽게 말씀하시곤 했다. 노무현이 꿈꾸었던 나라를 돌아본다. '국가란 무엇인가?'라는 원론적 질문을 돌아본다. "훌륭한 사람이 되어야 한다"라는 아버지의 말씀을 "훌륭한 나라를 만들어야 한다"는 뜻으로 다시 해석하며 돌아본다.

네 번째 맛

...

짜장면을 짜장면이라
부르지 못하던 시절

정체불명 짜장면

엽서를 썼다. 요즘 청년들은 마음에 드는 이성을 만나면 어떻게든 휴대전화 번호를 알아내려 애쓰겠지만 예전에는 쪽지나 엽서를 건네는 것이 일반적인(?) 방법이었다.

"저는 원주고 1학년 이광재입니다. 당신과 마음의 교류를 하고 싶습니다. 집 주소는 원주시 ○○동 △△번지이고⋯."

대충 이런 내용이었을 것이다. 앞뒤로 라이너 마리아 릴케의 시 한 구절이라든지, 무언가 닭살 돋는 문장을 잔뜩 집어넣었을 것이 분명하다. 최대한 반듯하게 쓰기 위해, 썼다 지웠다, 엽서를 몇 장 버렸던 것도 같다.

고등학교 1학년 수학여행 때였다. 지금이야 제주도로 가기도 하고, 해외로 수학여행을 떠나는 경우도 있지만 당시는 경주로 가는 것이 거의 전국 표준이었다. 중고등학생 수학여행 시즌도 정해져 있어서 그때만 되면 부여, 공주, 경주, 설악산 같은 곳은 전국에서 몰려든 관광버스로 북새통을 이루었다. 한 학년이 모두 들어갈 수 있는 대형 여관 같은 곳은 연초에 이미 예약이 꽉 찼다. 추풍령 고개는 전국 학생들이 쉬어 가는 곳이었다. 서울이나 강원 지역 학생들이 경주나 안동으로 수학여행을 가든, 영호남 학생들이 서울이나 부여로 수학여행을 가든 경부선 가운데 있는 추풍령은 꼭 거쳐 가야 하는 곳이었다. 엽서를 전달하기에도 안성맞춤인 곳이었다.

그 여학생이 왜 내 눈에 들어왔는지는 모르겠다. 쫓아가 휙 던지듯 엽서를 건넸다. 그녀도 싫지 않은 듯 내용은 보지도 않고 주머니에 넣었다. 남학생이든 여학생이든 수학여행을 간다면 마음이 들뜨지 않겠는가. 당시에는 수학여행이 '내가 살던 지역을 벗어나 멀리 여행 가는' 최초의 경험인 학생들이 많았다. 부모 없이 여행을 떠나는 것도 처음이었다. 우리 지역이 아니라 다른 지역 말씨를 쓰는 아이들과 뒤섞이는 경험 또한 흔치 않았다. 미지의 세계를 경험하는 것은 언제나 긴장과 흥분이 교차하는 기억이다. 모두 한껏 들떠 있었다.

그 여학생에게 회신이 온 것은 한 달쯤 지나서였다. 수학여행을 가기 전에 많은 친구들이 엽서를 준비했다. 그런데 답장받은 친구는 드물어 편지가 도착했다고 하면 주위에 큰 자랑거리가 되었다. 의기양양 편지를 뜯어 낭독하면 교실 전체 급우들이 탄성을 지르며 부러워했다. 나도 그런 '부러움'의 수혜자 가운데 한 명이었다.

그 여학생과 2년 넘게 편지를 주고받았다. 처음에는 마냥 흥분되는 경험이었지만 점점 차분해져서, 입시생의 고충을 주고받고, 고민을 털어놓기도 하고, 일상에 겪는 일을 자랑하기도 하면서 마치 곁에 있는 친구처럼 가까워졌다. 추풍령 고개에서 딱 한 번 스치며 만난 사이이고 얼굴조차 기억나지 않지만 서로를 제법 잘 아는 사이가 되었다.

펜팔 여학생을 직접 만나게 된 것은 대입 학력고사가 끝나고 나서였다. 학력고사를 마치고 무전여행을 떠났다. 친구 두 명과 함께 집을 나섰다. 정말 대책 없는 여행이었다. 당시 우리 수중에 있는 돈은 원주에서 부산에 갈 수 있는 차비 정도였으니까. 돌아올 차비조차 없었다. 무엇을 어떻게 하겠다는 계획조차 없이 무작정 부산행 완행열차에 올랐다. 해운대역에 도착해 바닷가를 거닐고, 영도다리 근처를 맴돌며 여기저기 구경하고, 이제는 정말 밥 한 그릇 사 먹을 돈조차 없는데 어떡하나 고민하던 때에 그 여학생이 떠올랐다. 그녀가

마산에 살고 있었다. 하도 오래 편지를 주고받았으니 주소를
정확히 기억하고 있었다.

❀❀❀

주소로 찾아가 보니 목재소였다.

"혹시 ○○○ 씨라고 계십니까?"

난로 옆 책상에 앉아 장부를 들여다보던 분이 눈을 커
다랗게 뜨고 나를 쳐다보았다. '우리 딸을 왜 찾아?' 하는 표정
이었다.

난리가 났다. 곧장 그 여학생이 방에서 나왔는데, 처음
에는 '누군가?' 하는 표정으로 얼굴을 갸웃하더니, "원주의 이
광재라고 합니다" 하니까 얼굴이 새하얗게 질렸다. 여학생 어
머니는 이런 상황이 무척 재미있는 모양이었다. 안절부절못
하는 딸과, 댓바람에 불쑥 나타난 까까머리 사내 녀석들을 데
리고 근처 중국집으로 향했다.

"시험은 어떡하고?"

중국집 테이블에 앉아 짜장면을 기다리고 있는데 어머
니가 넌지시 물으셨다.

"연세대에 붙을 것 같습니다."

내 대답을 듣고는 고개를 끄덕끄덕하셨다. 펜팔로 만났다는 남학생이 영 이상한 녀석은 아니로구나, 하고 안도하는 표정이었다. 여학생은 아직 얼굴이 벌건 채 고개를 숙이고 있었다. 딸이 그러는 모습이 재미있는지 어머니는 장난스럽게 계속 웃으셨다. 유쾌한 분이셨다.

단도직입적으로 내가 처한 상황을 모두 말했다. 원주에서 아무런 대책도 없이 부산에 내려왔다. 광주에 가보려고 하는데 차비가 없다. 도와주시라.

황당할 법도 한데 어머니는 배포가 있으신 분이었다. 젊은 사람이 그 정도 기백은 있어야지 하는 눈빛으로 만족하는 표정을 짓더니 지갑을 열어 만 원짜리 몇 장을 꺼내셨다. 여학생도, 같이 여행을 떠난 친구들도, 그리고 부탁을 드린 나조차도 깜짝 놀랐다. 당시로서는 꽤 큰돈이었기 때문이다. 좋은 일에 쓰라면서 흐뭇하게 웃기만 하셨다. 미래의 사윗감을 보는 듯 만족스러운 표정이었다. 나는 호주머니에 돈을 넣으며 90도로 허리를 숙여 인사했다. "감사합니다, 많이 배우고 돌아가겠습니다."

그런데 그날 중국집 식탁 위에 올라온 짜장면이 좀 특

이했다. 새우, 오징어, 죽순, 버섯, 그리고 느글느글한 식감의 어떤 식재료도 함께 들어 있었다. 양파와 양배추가 가득하고 가끔 돼지고기 부스러기가 보이는 짜장면만 먹고 자란 나에게는 전혀 생소한 짜장면이었다. 마산은 바닷가라서 짜장면도 이렇게 나오는 것인가 싶었다. 정체불명의 그 짜장면이 내 인생에 처음 먹어본 삼선짜장이었다. 느글느글한 식감의 재료는 해삼이었다.

◇◇◇

한때 짜장면을 짜장면이라 부르지 못하던 시절이 있었다. '자장면'이라 불러야 했다. 짜장면을 중국에서는 '炸醬麵'(작장면)이라고 하는데, 이름 그대로 '장醬을 볶아炸' 면에 얹은 요리다. 실제 짜장면이 그런 과정을 거쳐 만들어진다.

먼저 돼지비계로 기름을 만든다. 그 기름에 춘장을 볶는다. 춘장은 메주처럼 꽤 되직해서, 기름에 슬슬 흔들며 한참 볶아야 한다. 그러면 춘장이 흐물흐물 풀어진다. 거기에 양파랑 고기를 넣어 달콤하게 만드는 것이다. 기름에 춘장을 풀어내는 단계가 쉽지는 않지만 알고 보면 짜장면은 그리 복잡한 조리법이 필요한 요리는 아니다.

그런데 중국에 여행 가서 짜장면을 먹어보면, 한국과는 전혀 다른 짜장면을 만나게 된다. 중국식 짜장면은 춘장을 기름에 볶기는 하는데, 한국처럼 완전히 흐물흐물하게 풀어내지 않는다. 다양한 채소와 고기류를 넣지도 않는다. 우리나라처럼 달콤한 짜장면이 아니다. 약간 짭조름한 맛이 난다. 따라서 한국식 짜장면을 생각하고 중국 식당에서 '작장면'을 주문하면 낭패를 보기 마련이다. 지나친 호기심 때문에 후회할 수도 있다.

중국의 작장면이 중국어 발음으로 '자장미엔'이다. 그래서 짜장면은 중국에서 유래했으니 원어 발음대로 '자장면'이 옳다고 국립국어원이 오래도록 주장해왔던 것인데, 중국에서 자장미엔을 먹어보지 않았기 때문에 그런 주장을 했던 것 아닐까 싶다. 중국의 자장미엔과 한국의 짜장면은 완전히 다르다. 라면과 우동만큼이나 다르다. 아니, 짜장과 짬뽕만큼이나 맛과 성격이 완전히 다른 요리가 짜장면과 자장미엔이다. 이제는 널리 알려졌다시피 짜장면은 중국 요리가 아니라 한국 요리다. 중국에서 한국으로 건너온 화교들이 중국집을 운영하다가 한국인의 입맛에 맞게 새로 개발한 요리가 짜장면이다. 자장미엔에서 조리법의 흔적을 희미하게 발견할 수 있을 뿐 완연한 한국 요리가 되었다.

　나는 2011년에 중국 유학길에 올랐다. 청화대 공공관리학원에 방문학자 자격으로 머물면서 공부하고 가르치고 소통했다. 그때 가장 먹고 싶은 음식 가운데 하나가 짜장면이었다. 중국에 살면서 짜장면이 그리웠다고 하면 사람들이 의아하게 생각하지만 중국에 살아본 사람들은 안다. 한국인이 많이 모여 사는 한인 타운 같은 곳에는 한국식 짜장면을 판매하는 곳이 많지만 중국 다른 곳에서는 짜장면을 구경하기 힘들다. 아쉬운 대로 자장미엔을 먹으면 되지만 짜장면에 대한 간절함만 치솟게 된다.

　이제 짜장면은 김치, 깍두기, 된장찌개, 파전처럼 한국인의 유전자를 타고 흐르는 음식이 아닌가 생각될 정도다. 한국을 떠나 해외에 있으면 간절히 생각나는 음식 가운데 하나가 짜장면이다. 그래서 우리나라 국제공항 푸드 코트에 짜장면집이 그렇게 성황을 이룬다고 한다. 떠나기 전에 한 그릇, 도착하자마자 한 그릇. 군에 입대해 첫 휴가를 나온 아들에게 "가장 먹고 싶은 음식이 뭐냐" 물었더니 주저하지 않고 짜장면이라고 하더라. 다들 비슷한 경험 하나쯤은 있을 것이다.

＊＊＊

정치란 무엇인가. '정치는 국민을 통합시키는 일'이라는 대답을 되풀이하는 수밖에 없다. 그것이 정치의 양대 목적 가운데 하나다. 정치의 목적 가운데 하나는 국민을 먹여 살리는 일이고, 다른 목적은 국민 통합이다. 국민을 분열시키거나 특정한 진영의 국민 혹은 자신과 생각이 다른 국민을 적대시하는 태도는 이미 '정치' 자체가 아니다. 정치의 반쪽 가운데 하나를 방기한 태도다.

우리 헌법 1조 1항은 "대한민국은 민주공화국"이라는 묵직한 선언으로 시작한다. 헌법 맨 앞에 우리 대한민국이 어떤 나라인지 국가의 정체성을 분명히 드러내면서 시작하는 것이다. 대한민국은 민주공화국이다. 그런데 여기서 '민주공화국'의 뜻은 무엇일까? 민주공화국이 민주주의와 공화주의의 조합으로 이루어져 있다는 사실은 쉽게 알 수 있을 것이다.

먼저, 민주주의는 무엇일까? 민주주의가 무엇이냐고 물으면 사람들은 제법 쉽게 대답한다. 한자 그대로 풀이해 "백성民이 주인主인 세상 혹은 체제"라고 말이다. 민주주의의 어원을 찾자면 데모스demos가 주인이 되는 체제인데, 고대 그리

네 번째 맛

스에서 데모스는 다수 민중을 뜻했다. 데모스가 지배하는 권력kratos이 데모크라시다.

자, 그렇다면 공화주의는 무엇인가? 공화주의가 무엇이냐고 물으면 민주주의에 비해 제대로 대답하지 못하는 사람이 많다. "공화?" 하면서 고개를 갸웃하는 사람이 적지 않다. 공화주의도 민주주의처럼 한자 그대로 풀이하자면 함께共 화합하며和 살자는 주의다.

대한민국은 민주주의와 공화주의 양대 축으로 설계된 국가다. 민주공화국은 두 바퀴로 달리는 자전거와도 같다. 어느 한쪽이 사라지면 외발자전거처럼 힘들고 위태로운 존재가 된다. 하지만 1987년 민주화 이후 지금껏 40년에 가까운 시간을 반성적으로 돌아보면, 특히 지난 수년간 대한민국의 풍경을 보면, 우리나라에는 민주주의를 목 놓아 외치는 사람은 많아도 공화주의의 소중함을 역설하는 사람은 드물다는 사실을 발견한다. 안타까운 일이다. 심지어 공화주의를 강조하면 "순진한 사람"이라고 취급받기도 한다.

공화주의는 구체적으로 무엇일까? 역시 어원으로 살펴보자. 한자어 '공화'의 유래를 찾자면 지금으로부터 3000년 전 중국 주나라 시대로 거슬러 올라간다. 주나라 임금 가운데 려厲

라는 왕이 있었는데, 폭군이었는가 보다. 학정을 견디다 못해 백성들이 들고 일어나자 임금은 외국으로 도망갔다. 그리하여 왕이 공석이 되자 소공召公, 주공周公이라는 두 재상이 공동으로 나라를 다스리던 시기가 있었는데, 이 시기를 이르러 공화共和라고 부른다. 사마천의 《사기》에 등장하는 이야기다.

하지만 알다시피 사회과학적 개념어로서 '공화'는 동양에서 태어난 말은 아니다. 근대 초기에 일본 학자들이 서양의 정치학 서적에 적혀 있는 'republic'(리퍼블릭)이라는 용어를 한자로 어떻게 옮길까 고민하다가 《사기》에 나오는 '공화'의 시기와 성격이 맞아떨어진다는 생각에 'republic=共和'라고 풀이한 것이다.

리퍼블릭을 번역하기 위해 사마천의 《사기》까지 뒤적거린 일본 학자들의 노고는 감탄할 만하지만 사실 리퍼블릭을 공화로 번역한 것은 아주 정확히 맞아떨어지는 번역은 아니다.

리퍼블릭의 정치적 기원은 고대 로마로 거슬러 올라간다. 황제가 이끄는 임페리움Imperium 이전에 원로원이 주축이 되어 특정한 종신 지도자 없이 공동으로 나라를 다스리던 시기가 있었다. 그때를 레스 푸블리카res publica라고 불렀다. 따라서 그렇게 공동으로 조화롭게 나라를 이끌어간다는 의미에서는 공화가 아주 틀린 번역은 아니지만 완벽하게 들어맞는 번역이 아니기도 하다. 하기는 특정한 개념어를 배경과 의미를 살려 완벽히 정확하게 다른 언어로 옮기기란 그리 쉬운 일이 아니다.

일본 학자들은 리퍼블릭을 공화로 번역했지만 근대 초기에 중국 학자들은 민국民國이라고 번역했다. '레스 푸불리카'의 역사적 속뜻을 헤아려보니 '백성이 다스리는 나라 혹은 체제'라고 드러난 것이다(Res publica(공공의 것)는 Res populi(인민의 것)에서 유래한다). 그래서 직역을 하다시피 '민국'이라고 했던 것인데, 일본 학자들은 중국 고서를 뒤져 공화를 찾고, 중국 학자들이 리퍼블릭을 원뜻 그대로 풀이한 대목이 흥미롭다. 어찌 되었든 공화와 민국의 번역 경쟁 가운데 공화가 승리해, 우리는 지금 리퍼블릭을 대체로 공화라고 부른다. 이미 눈치챘겠지만 우리나라의 국호 대한민국의 '민국'이 바로 공화국을 뜻한다. '제국'이나 '왕국'과는 다른 것이다.

좁은 뜻으로 보면 공화국은 '왕이 없는 체제'다. 넓은 의미로는 '시민이 함께 이끌어가는 나라'가 공화국이다. 더욱 넓은 의미로는 '함께 어울려 살아가는 나라'가 공화국이다. 어느 한쪽이 다른 한쪽을 배척하거나 지배하지 않는다. '다수결'이 좁은 뜻에서의 민주주의라면, '지배자가 없음'은 좁은 뜻에서의 공화주의다. 우리는 좁은 뜻에서 공화는 이루었으나 넓은 의미의 공화로는 나아가지 못한 것 아닌가 하는 의문을 가질 때가 많다. '왕'이라는 자리 자체만 없다 뿐이지 왕처럼 군림하는 대통령을 보면서 역사가 퇴행하는 것 아닌가 하는 걱정마저 들 때도 있다. 공화주의 정신이 퇴행하고 있다. 심지어 공화주의가 능멸당하고 있다는 지적 또한 많다. 작금 우리 사회가 풀어야 할 중요한 숙제가 있다면 공화의 정신을 회복하는 일이다. 민주공화국으로서 대한민국의 양대 축을 다시 굳건히 세우는 일이다.

○○○

우리나라에서 공화주의와 함께 무너지고 있는 것은 공교육이다. 둘 사이에 직접적 상관관계가 있는 것은 아니지만 둘 다 '공'이 들어 있는 점을 눈여겨볼 만하다.

지금 우리나라는 두 개의 '공'이 무너지고 있다. 첫 번째 공은, 앞에 소개한 공화의 공共이다. 두 번째 공은 공교육의 공

公이다. 共은 '함께'라는 뜻을 갖고 있고, 公은 '드러내놓다'라는 뜻을 담고 있다. 공공公共, public이 모두 무너지고 있는 것이다.

공교육이 무너지고 있다는 말이 나온 지는 꽤 오래되었다. 2000년대 초반부터 '교실 붕괴'라는 용어가 등장하기 시작하더니 20여 년이 지난 지금에는 교권 추락에 관련한 뉴스가 빈번하게 들린다. 학부모의 악성 민원에 시달리다가 극단적인 선택을 한 교사의 소식이 안타깝게 이어지고 있다.

우리나라 교육이 왜 이렇게 되었을까. 굉장히 다양한 원인이 복합적으로 얽혀 있다고 본다.

다시 개인적인 이야기로 돌아가 회고해보자. 내가 연세대를 택했던 이유는 TV에서 연고전을 보다가 그저 아무런 생각 없이 '나는 연세대에 가야겠네'라고 다짐했던 것이 이유였다(당시에는 연세대와 고려대가 매년 벌이는 연고전을 TV로 중계할 정도로 국민적 관심이 높았다).

연세대가 어느 정도 성적이 되어야 들어갈 수 있는 대학인지 그리 깊이 생각해보지 않았다. 당시에는 고2 때까지 성적이 하위권을 맴돌다 고3 때 1년 동안 밤샘 공부를 해서 좋은 대학에 갔다는 신화(?) 같은 이야기가 흔히 나돌던 시절이었다. 물론 지금은 상상하지도 못할 일이다. 지금은 이른바 명문 대학에 가려면 유치원 때부터 각종 학원과 사교육에 내몰리고, 초등학교 때부터 성적 관리를 하고, 중고등학교 내내 내신에 신경을 곤두세워야 가능한 일이 되었다.

고3 때 바짝 공부해 좋은 대학에 갈 수 있던 시절, 그것은 양가적 측면에서 바라볼 수 있겠다. 좋게 해석하자면 패자부활전과 같은 시도가 가능한 시대였다. 늦더라도 다시 올라갈 기회가 얼마든 존재했다. 굳이 사교육을 받지 않더라도 달달 외우기만 하면 되던 시절이었다. 부정적으로 해석하자면 그렇게 '암기 위주' 시대였다. 물론 단순히 외우는 능력 하나만으로 좋은 성적을 거둘 수는 없었지만 종합적인 사고 능력보다는 무조건 외우는 성실함으로 버틸 수 있는 시대였다. 시대가 요구하는 인재상이 그러했기 때문이다. 그 시대에 태어나 그 시대가 필요한 인재로 자라났던 사람들을 지나치게 폄훼할 필요까지는 없겠다. 물론 우리 세대가 지금의 청년 세대, 내 아들과 딸뻘에 해당하는 세대에 비해 축복받은 세대라는 주장에는 충분히 동감하고 송구하게 생각한다.

어찌 되었든 그래서 당시에는 나 같은 두부 장수 아들, 군청 일용직 말단 공무원의 아들도 뒤늦게 각성해 참고서 하나 없이 공부해 원하는 대학에 들어갈 수 있는 시대였다. 그렇다고 당시 대학 진학률이 높았는가 하면 그렇지 않다. 내가 대학에 입학하던 1983년 진학률은 13.4퍼센트. 2023년 현재는 72.9퍼센트다. 40년 사이 대학 진학률이 60퍼센트포인트 가까이 올랐다. 당시에는 학급에서 중상위권 이상 되어야 대학에 들어갔는데 지금은 웬만한 학생은 모두 대학에 가는 시절이 되었다. 예전에는 대학에 갔다면 일정 수준 이상 성적을 갖춘 학생으로 여겼는데 지금은 대학에 가는 것 자체를 상식으로 여기는 세상이 되었다. 이른바 학력 인플레이션 시대다.

우리나라에 학력 인플레가 높은 것을 나쁘게 평가할 수 있는가 하면 또 그렇지 않다. 학력 인플레는 억지로 낮춘다고 해결되는 문제가 아니라 오래된 문화와 연결된 측면이 있기 때문이다. '배워야 성공한다' '내 자식은 나보다 성공해야 한다'는 한국인의 교육열 자체는 우리가 감히 평가할 수 있는 영역을 뛰어넘는다. 똑같이 따라가지는 못하더라도 남들과 엇비슷한 수준으로 갖출 것은 갖추어야 한다는 한국인의 평균주의적 인식과도 맞물려 있다. 이런 사고관은 고친다고 고칠 수 있는 것이 아니다. 지금껏 한국 사회의 발전을 이끈 동력 가운데 하나가 되기도 했다.

그렇다고 마냥 내버려둘 일 역시 아니다. 한국인의 남

다른 성취욕은 긍정적인 부분에 있어서는 계속 발현되도록 소중히 여기되 부정적인 요소는 차분히 변화할 수 있도록 물길을 다른 곳으로 열어주어야 한다. 긍정과 부정을 함께 다루는 종합적이고 장기적인 대책이 마련되어야 하는 것이다. 교육을 '백년지대계'라고 말하는 이유는 단순히 시간의 측면에서 그러는 것이 아니라 이렇게 복합적으로 풀어야 하는 문제이기 때문이다.

◇◇◇

공교육 붕괴 역시 복합적인 이유가 뒤엉켜 있다. 한국인의 평균주의적 사고관, 다른 사람과 자신의 처지를 자꾸 비교하는 행복관, 물질적 성취를 중시하는 태도, 내 자식은 나보다 훌륭하게 키워야 한다는 의지 등은 변하지 않은 채 (앞서 말한 것처럼 이것은 바꾸려고 해도 바꿀 수 없고, 바꾸어서는 안 되는 영역 또한 존재한다) 민주화 시대가 심화되었다. 국민의 인권 의식이 한층 높아졌다. 지식 정보화 시대가 도래하면서 세상이 필요로 하는 인재상도 변했다. 한쪽에서는 창의적인 교육을 강조한다. 그러다 보니 자율적이고 종합적인 사고를 요구하는 교육으로의 변화를 꾀하게 되었다. 그러다 보니 교실의 분위기도 권위주의적인 시대와는 다를 수밖에 없게 되었다. 그 와중에 민주화가 진척되었고, 그러면서도 경제적 빈부 격차는 크게 해소되지 않았고(아니, 격차는 갈수록 벌어지고 있고) 많은 것이 뒤죽박죽이다.

이런 현상들이 복잡하게 뒤엉키면서 한국의 교육 문제는 누구도 풀 수 없는 고차원 함수로 성장했다. 단순히 교육뿐 아니라 총체적 사회 개조를 이루어야 해결이 가능한 문제가 되었다. 역시 교육은 백 년의 큰 계획이고 국가적인 노력이 필요한 거대한 계획이다. 시장이 저절로 풀 수 없고, 정치가 담당해야 할 영역이다. 그런 의미에서 정치가 중요하고 꼭 필요하다.

21세기 대한민국이 살아갈 길은 무너진 두 개의 공公·共을 동시에 일으키는 것이다. 공공의 기능과 역할을 높여나가는 것이다. 모든 일에 국가가 개입해 국가주의적으로 문제를 풀자는 뜻이 아니다. 시장이 스스로 돌아갈 수 있도록 국가가 보장하되 시장이 해결할 수 없는 일에는 과감히 국가가 뛰어들어 해결하는, 국가의 본연의 역할에 대한 태도와 입장을 분명히 밝히자는 것이다. 국가의 의미를 재삼 돌아보아야 한다.

◌◌◌

　　마산 펜팔 여학생 어머님이 건네주신 뜻하지 않은 후원
금⑺으로 당시 나는 친구들과 광주에 갔다. 광주 민주화 운동
이 벌어진 전남도청 앞 광장, 금남로, 충장로, 전남대, 조선대
는 그렇게 해서 둘러보게 되었다. 광주를 떠나 목포를 거쳐 제
주도까지 갔다. 제주도에 도착하니 다시 돈이 떨어지기는 했
는데 인심 후한 민박집 주인을 만난 것이 또 행운이었다. 인근
귤 농장에서 수확을 거들기도 하면서 돌아올 뱃삯을 마련할
수 있었다. 뱃삯이 좀 부족하기는 했지만, 엊그제 대입 시험을
치른 고등학생들이 세상 구경하러 나섰다고 하니까 너그럽게
이해해주었다. 정치적으로 암흑의 시대였고, 사회적으로도 권
위적이고 폭력적인 문화가 지배하던 시절이었지만 언제 어느
때든 어떤 방식으로든 사람이 살아가는 세상에는 낭만과 매
력이 존재하기 마련이다. 외투조차 변변히 걸쳐 입지 않은 채
한라산에 오르려다 얼어 죽을 뻔했다. 지나간 일은 모두 추억
이 된다. 마산 펜팔 여학생은 나중에 이화여대에 입학했다. 서
울에서 딱 한 번 만났다. 대학생으로 만나니 기분이 묘했지만
편지를 주고받던 시절의 떨림은 느껴지지 않았다. 지금은 나

와 똑같이 나이 들면서 자식의 앞날을 걱정하는 부모가 되어 있으리라. 이미 할머니가 되었을지도 모르겠다.

나는 중국집에 가면 종종 삼선짜장을 시킨다. 고마운 분의 얼굴을 떠올린다. 그러고 보니 '공화춘'이라는 유명한 중식당이 있다. 공화국의 봄이라! 멋진 이름이다. 공화춘이 짜장면 원조집이다.

다섯 번째 맛
···
기어이 콩을 먹는
동물이 있다
엄마표 두부

어렸을 적 어머니를 이야기할 때는 '어머니'보다 '엄마'라는 표현이 더 어울리게 느껴진다. 엄마, 엄마. 누구든 엄마를 생각할 때 떠오르는 음식이 있다. 나에게는 그것이 두부다. 엄마 하면 두부가 생각나는 이유는, 엄마가 두부로 맛있는 요리를 해주셨기 때문이 아니라 엄마가 두부 공장을 운영하셨기 때문이다.

어렸을 적 우리 어머니는 두부 공장을 운영하셨다. 이렇게 말하면 다들 놀라는데, 그만큼 생활력이 대단한 분이시다. 아버지는 공무원이셨다. 말이 공무원이지 정규직은 아니고 군청에서 일하는 일용직이었는데, 그래서 늘 군수 눈치를 보아야 했다. 군수가 바뀌면 언제 날아갈지 모르는 운명이었기 때문이다. 아버지도 직장에서 눈치 보며 일자리 보전을 위해 열심히 노력하셨겠지만 어머니 또한 아버지 일자리를 지키기 위해 억척스럽게 뛰어다니셨다. 군수에게 잘 보이기 위해 군수네 딸에게 젖을 물리면서까지 노력했다. 지금 그런 일이 있었다면 "직장 상사의 갑질"이라고 뉴스에 떠들썩했을 테지만 당시에는 그리 놀라운 일도 아니었다. 돌아보면 눈물겨운 시절이다(아버지가 군청 일용직 일자리라도 지켜내기 위해 분투했던 이유는 따로 있다. 그것은 뒤에서 다시 이야기하겠다).

지금도 공무원에 대한 처우 조건은 그리 좋은 편이 아니지만 당시에는 공무원 월급으로만 먹고살기 너무도 빠듯했다. 그래서 공무원의 부정부패가 심했고, 심지어 부패가 공공연히 용인되던 시절이기도 했다. 하지만 고지식한 우리 아버지는 누구에게 술 한 잔 얻어먹지 못하는 양반이었다.

심지어 아버지는 공무원인데도 주위 사람들에게 술을 자주 사주어서 동네에서 인심이 좋았다. '공무원은 공짜 밥, 공짜 술 얻어먹는 사람'이라는 인식이 강하던 시절이라 아버지의 그런 행동은 꽤 독특하게 보였는가 보다. 내가 나중에 국회의원에 출마해 선거 운동을 다닐 때 아버지 덕을 톡톡히 보았다. 나이 지긋한 어르신들이 "마을 사람들에게 술 사주는 공무원은 처음 보았다"면서 우리 아버지를 여태 기억하고 계셨기 때문이다.

우리 아버지 존함은 강 자, 원 자이시다. 그러니까 함자가 '강원'이다. 내가 처음 출마했을 때, 선거 벽보 구호가 '강원의 아들'이었다. 그것은 우리 아버지 이강원 님의 아들이라는 뜻이자 강원도에서 나고 자란 토박이라는 뜻으로, 강원의 발전을 위해 모든 것을 바쳐 노력하는 듬직한 자식 같은 정치인이 되겠다는 의지의 표명이었다. 여러 의미에서 아버지를 존경하고 감사드린다.

어찌 되었든 그런 아버지였기에, 가장의 부족한 수입을 메우기 위해 어머니는 두 몫으로 뛰셨다. 어머니는 생활력이 왕성한 분이다. 두부 공장을 열어 두부를 팔았고, 나중에는 방앗간을 열어 제법 큰돈을 벌었다. 오일장 장날마다 우리 방앗간은 손님이 줄을 설 정도로 북적였다. 어머니는 방앗간 안팎을 분주히 오가며 쌀을 빻고 떡을 만들고 손님을 맞았다. 공무원인 아버지의 월급보다 어머니가 장날 하루 버는 돈이 더 많을 정도였다. '주민들에게 술 사주는 인심 좋은 공무원 이강원 님'의 이미지는 능력 있는 자영업자 아내 덕분에 탄생할 수 있었다. 물론 농담처럼 하는 말이다. 그렇다고 아버지가 고주망태 술만 마시는 분은 아니었다. 마음 넉넉한 분이었다. 아버지가 그 시절에 왜 그렇게 사람들에게 술을 사주면서 '좋은 사람'으로 남기 위해 노력하셨는지, 그 마음에 얽혀 있는 이유와 배경에 대해서도 뒤에 다시 서술하겠다.

아버지는 호기심이 왕성한 분이셨다. 이런저런 기계를 많이 개발하셨다. 방앗간에서 쌀을 빻을 때 쌀 가운데 섞여 있는 돌멩이 때문에 고생하는 경우가 많았는데, 아버지는 이물질을 골라내는 기계를 발명하셨다. 기계를 몇 대 제작해 다른 방앗간이나 정미소에 판매하기까지 하셨다. 아버지 역시 나름대로 사업 수완이 좋으셨다. 인심 좋고 호기심 많은 아버지. 뚝심 있는 생활력의 소유자 어머니. 두 분에게 골고루 유전자를 이어받은 것에 언제나 감사드린다.

◌◌◌

모든 사업에는 부침이 있기 마련이다. 부모님 사업이 처음부터 잘되었던 것은 아니다. 나중에 아버지가 공무원을 그만두고 더 큰 사업을 벌였다가 실패했던 적도 있다. 그러다 재기하고, 다시 실패하고, 또 성공하고…. 사업도, 인생도, 정치도, 우리가 살아가는 사회도 그러면서 성장하는 것 아니겠는가.

　방앗간을 열기 전에 두부 공장을 하던 시절에는 말이 공장이지 가내수공업 수준이라 가정 형편이 매우 어려웠다. 초3 때까지 나는 어머니가 밤새 만든 두부를 집마다 배달하고 나서야 등교할 수 있었다. 지역 등기소 소장이나 교장 선생님 댁이 내가 배달 다니는 곳이었다. 찬거리로 사용하는 두부를 가정에 배달하려면 아직 사위가 어둑한 새벽에 일어나야 했다. 두부를 배달하고 집에 돌아와야 내 몫의 아침밥을 먹을 수 있었다. 새벽에 일어나는 습관, 일해야 먹을 자격을 얻는다는 관념은 그때 생겨난 것 같다. 역시 부모님에게 크게 감사하는 대목이다.

　어렸을 적 우리 집이 두부 공장을 했기 때문에 두부는 흔히 먹을 수 있었다. 그래서 물릴 법도 하지만 지금도 두부를 즐겨 먹는다. 내가 가장 좋아하는 음식, 즐겨 찾는 식재료 가운데 하나다.

　알다시피 강릉이 두부로 유명하다. "왜 강원도에는 두부 맛집이 많나요?"라고 묻는 분들이 계시는데, 그 이유는 두부를 잘 만드는 비법이 전수되어 오기 때문이고, 강원도에 콩이 많이 나고, 콩이 자라기에 강원도가 생육 조건이 좋고, 그래서 강원도 콩이 맛있기 때문이다.

두부 제조법은 의외로 간단하다. 콩을 불린 다음 갈고, 삶고, 간수에 넣어 적당히 굳히기만 하면 된다. 물론 간수를 어느 정도 넣어야 적당히 엉기는지, 콩을 어느 정도 불리고 갈아야 고소한 맛이 최상에 이르는지, 그런 것을 파악하는 것이 기술이고 감각이다. '맛'은 미세한 차이에서 결정된다. 아무것도 아닌 차이라고 생각했던 것들이 큰 차이를 부른다.

두부는 전적으로 콩으로 만드는 식품이다. 콩을 그대로 가공한 음식이라고 보면 된다. 이 콩이라는 작물이 또 묘한 녀석이다.

콩도 종류가 여럿이지만 두부를 만드는 대두大豆는 우리 동북아시아 지역이 원산지다. 두만강 지역에서 콩이 유래했다는 설이 유력하다. 두만강의 '두'가 아예 콩 두豆 자다. 콩이라는 식재료는 날것으로 먹을 수 없는 특징이 있다. 콩을 생으로 먹으면 큰 탈이 날 수도 있다. 실제로 과거 서양에서, 콩이 흔치 않던 시절에, 콩을 충분히 익혀 먹지 않았다가 죽은 사람도 있었다고 한다. 콩에서는 비린 향이 난다. 그래서 콩을 싫어하거나 먹지 않는 사람도 있다. 콩에서 독특한 향이 나는 이유도 여럿인데, 가장 유력한 학설은 "콩이 살기 위해 비릿한 냄새로 진화했다"는 주장이다. 진화에는 다 이유가 있다.

시선을 살짝 돌려보자. 고추는 맵다. 고추가 왜 매운 것인지에 대해서도 여러 설명이 있는데, 가장 유력한 설명은 고추가 자기 자신을 보호하면서도 번식을 쉽게 하려고 스스로 매워졌다는 주장이다. 고추는 씨앗을 품고 있는 식물이다. 씨앗을 새가 파먹고 멀리 날아가 변에 섞여 씨앗이 유포됨으로써 번식한다. 그런데 조류는 미각 세포가 발달하지 못했기 때문에 매운맛을 느끼지 못한다. 달콤하게 진화해 모든 동물에게 먹혀 가까이 번식하는 방법을 택한 식물이 있는가 하면, 고추처럼 맵게 진화해 걷고 뛰는 동물에게는 잘 먹히지 않겠지만 '멀리 가는' 길을 택한 식물이 있다.

콩에게서 풍기는 비릿한 냄새는 고추와 반대되는 진화 유형으로 해석할 수 있다. '나를 먹지 말라'라는 경고와 방어의 뜻으로 진화한 것이다. 알고 보면 콩은 콩 나무의 씨앗이다. 콩깍지가 벌어질 때 떨어져, 그 자리에 계속 자라는 방식을 택한 것이다. 그렇게 무시무시한(?) 콩을 기어이 빻고 삶고 걸러서 끝끝내 먹는 방법을 터득한 동물이 있다. 바로 인간이다.

동북아시아가 원산지이다 보니 콩을 이용한 요리 역시 우리나라와 중국, 일본에서 많이 발달했다. 이름부터 그렇다.

대두를 영어로 'soybean'이라 부르는데, 알다시피 여기서 'soy'가 간장이다. 그러니까 '간장 콩'이라는 뜻이다. 일본식 간장을 쇼유しょうゆ라고 부른다. 일본 큐슈 지역에서는 쇼유를 '소이'라고 발음하는데, 큐슈 지역을 오가던 네덜란드 상인들이 그것을 보고 '소이를 만드는 콩'이라는 뜻에서 soybean이라 불렀다고 전한다.

콩을 멀리하는 사람이 있고, 콩밥에서 일일이 콩만 걸러내는 사람도 있다. 하지만 콩은 인간의 식생활에서, 특히 우리 한국인의 밥상에서 빼놓을 수 없는 핵심 식재료다. 콩으로 메주를 쑨다. 그것으로 된장, 간장, 고추장을 만든다. 각종 장에서 온갖 찌개와 국거리, 부침, 조림, 김치, 반찬이 완성된다. 우리는 콩으로 시작해 콩으로 완성된 민족이라 말해도 과언이 아니다.

우리 민족의 역사 가운데 콩과 인연을 찾자면 기원전 수천 년 전으로 거슬러 올라간다. 충청북도 청주시에서 발견된 구석기 화석을 분석해보니 콩 꽃가루 성분이 들어 있었단다. 연도를 파악해보니 1만 3000년 전으로 추정되었다. 우리 조상들이 벼농사를 짓기 전에 콩 농사부터 지었고, 쌀보다 콩을 먼저 먹기 시작했다고 추론할 수 있다. 콩은 기르기 쉬운 작물이다. 아무 곳에나 심어도 잘 자란다. 그래서 옛날에는 집 울타리 옆 자투리 공간에 콩을 심었고 논밭 둘레에도 콩을 심었다. 다른 작물은 자라기 힘든 척박한 환경에서도 콩은 잘 자라기 때문이다. 병충해부터 논밭을 지키는 방패 역할을 한다.

그러면서 콩은 지력地力을 좋게 하는 작물이다. 인삼 같은 작물은 한번 심어놓으면 그 자리에 다른 작물은 자라지 못할 정도로 땅의 기운을 몽땅 빨아들인다. 반면 콩은 땅의 기운을 오히려 북돋는 효과를 낳는다. 콩 뿌리에 서식하는 박테리아가 질소 화합물을 합성하기 때문이다. 콩이 천연 질소 비료가 되는 셈이다. 옥수수 또한 지력 소모가 큰 작물인데, 그래서 키 큰 옥수수 사이로 키 낮은 콩을 심어 지력의 소모를 줄인다. 콩은 여러모로 대단한 작물이다.

◇◇◇

정치란 무엇인가. 하나는 국민을 먹여 살리는 일이고, 다른 하나는 국민을 조화롭게 이끄는 일이다. 앞으로 계속 되풀이할 이야기다. 이 두 가지 과제는 비슷하면서도 다르고, 다르면서도 합일점을 가진다. 곳간에서 인심 난다고 국민이 어느 정도 먹고살 만해야 조화로운 토대가 형성되는 것이고, 조화가 이루어져야 더욱 잘살자는 의지 또한 북돋을 수 있다. 닭이 먼저냐 달걀이 먼저냐 하는 논쟁과도 같고, 어느 하나 소홀히 할 수 없는 동전의 양면과도 같은 과제다.

정치가 국민을 '먹여 살린다'는 말은 두 가지 의미로 해석할 수 있다. 하나는 국가가 직접 벌어 국민을 먹여 살린다는 뜻이고, 다른 하나는 국민이 먹고살 수 있는 터전을 마련해준다는 뜻이다. 국가는 기업이 아니니 직접 매출을 올려 국민을 먹여 살려줄 수는 없는 일이다. 물론 석유 같은 천연자원이 풍부한 나라는 자원을 공적 자산으로 삼아 국민을 먹여 살린다지만 우리는 그럴 만한 처지가 아니다. 우리는 오직 사람만이 재산이고 자원인 국가다. 사람을 아끼지 않으면, 사람을 계발하지 않으면, 교육에 실패하면, 사람이 분열하면, 국가 자체가 죽는 국가다.

정치가 "국민이 먹고살 수 있는 터전을 마련해준다"라는 말도 여러 의미로 해석할 수 있다. 모든 국민이 최소 이상 생계를 유지할 수 있는 여건을 정치가 만들어주어야 한다는 뜻, 즉 최소한 굶주리는 사람은 없어야 한다는 뜻이고, 국가가 국민에게 일자리를 제공해준다는 뜻이기도 하다. 정부가 직접 일자리를 만들 수는 없지만(물론 '공공 일자리'도 있을 수는 있다), 일자리가 창출될 수 있는 '여건'을 만들어주는 것이 정부의 역할이라는 뜻이다.

자유 가운데 중요한 자유는 '일할 자유'다. 인간이라는 존재의 본성에 가장 어울리는 자유가 '일할 자유'이기도 하다. 정치학에서 '자유'는 흔히 오해받는 개념어 가운데 하나인데, 일반적인 사람들에게 자유가 무엇인지 물으면 대개 프리덤freedom의 뜻으로 말하기 때문이다. 그런데 정치학에서 자유가 대개 리버티liberty의 개념에 속한다. 그렇다고 자유는 프리덤이 아니라는 뜻은 아니지만 리버티와 프리덤을 명확히 구분해 이해할 필요가 있다. 일반적으로 그냥 구속받지 않는 것은 프리덤이다. 한편으로 리버티는 구속받지 않을 '권리'를 뜻한다. 수용소에서 탈출해 속 시원히 "자유!"를 외치는 모습은 프리덤이지만 말하고 싶은 것을 말하고, 행동하고 싶은 것을 행동하는 것은 리버티의 영역에 속한다. 그럴 수 있는 동력이 리버티다. 그렇다면 '일할 자유'란 대체 무엇인가.

적잖은 사람들이 일하기를 싫어한다. 일하기 싫어 죽겠는데 '일할 자유'라고 하니 그 말이 왠지 어색하게 느껴지는 사람도 있을 것이다. 하지만 일하지 않고 그냥 놀라고 하면, 대체로 많은 사람들이 처음에는 좋아하다가, 얼마 지나지 않아 "일하고 싶다"라고 말한다. 노동에서 가치를 찾는 것, 노동에서 자기 존재의 가치를 발견하는 것은 인간만이 갖는 특징이다.

한발 더 나아가 보자. 일하지 않는데 먹고살 수 있는 여건을 누군가 제공해준다면 대부분의 사람들이 기뻐할 것이다. 하지만 그것은 특수한 경우이고, '일하지 않으면 수입을 얻을 수 없다'는 것은 인간 사회에서는 상식에 가까운 명제다. 따라서 일하고 싶다, 일해서 돈을 벌고 싶다는 것은 인간으로서 생존의 권리에 해당하는 개념이다. 사회가 그것을 보장해주어야 한다. 수요와 공급은 시장에서 이루어지니 '일할 권리'도 알아서 찾으라고 말하는 사람도 있다. 자유주의 경제학에서 대체로 그렇게 말한다. 하지만 시장이 할 수 없는 일을 해결하기 위해 우리는 국가라는 기구를 만들고 정치라는 제도를 두는 것이다. 시장이 '일할 자유'(권리로서의 자유)를 충분히 만족시켜줄 수 없다면, 정부가 나서서 적극적으로 그 자유를 충족시켜주어야 한다. 그것이 제대로 된 의미에서의 '자유'이고 국가의 역할이다.

시장이 '일할 자유'(권리로서의 자유)를

충분히 만족시켜줄 수 없다면,

정부가 나서서 적극적으로

그 자유를 충족시켜주어야 한다.

그것이 제대로 된 의미에서의

'자유'이고 국가의 역할이다

◇◇◇

오랜 시간 정치인으로 살면서 국민의 삶의 질을 좌우하는 일곱 가지 구성 요소를 나름대로 정리해보았다. 일자리, 소득, 교육, 건강, 주거, 노후, 문화가 그것이다. 이 일곱 가지 '삶의 질' 지표 가운데 첫째로 꼽은 것이 '일자리'다. 국민 행복을 위한 7대 요소 가운데 으뜸이다.

산업 혁명 이후로 기술이 발달하는 것, 특히 자동화 기술이 발달하는 것은 인간에게 축복이자 재앙이었다. 산업 혁명 초기 극단적 사례는 빅토리아 시절 영국에서 만든 이른바 '붉은 깃발법Red Flag Act'이다. 증기자동차가 등장해 마부들이 실직 위기에 처하자 자동차마다 운전사, 기관원, 기수를 두어야 한다는 의무 조항을 신설했다. 자동차가 주행하는 최고 속도를 시외 시속 6킬로미터, 시내 시속 3킬로미터로 제한했다 (인간이 걷는 속도보다 느리다). 붉은 깃발을 든 기수가 자동차 55미터 앞에서 걸으며 방향을 이끌어야 했다. 말과 마주친 자동차는 무조건 멈추어야 했고, 경적을 울리거나 증기를 내뿜어 말을 놀라게 만들어서는 안 되었다. 지금 생각해보면 어이없는 법률이지만 마부들의 직업을 보호한다는 것이 당시 취지였다.

이 법안 때문에 영국은 증기기관을 발명한 최초 국가이면서도 자동차 산업이 현격히 뒤처지기 시작했고, 독일이 영국을 추월해 자동차 왕국으로 성장하는 배경이 되었다. 지금 '영국 국적 자동차 회사'라고 하면 떠오르는 회사가 있는가?

기술의 발달에 겁을 내는 것은 어제오늘의 일이 아니고 어쩌면 인지상정에 가깝다. 요즘 식당이나 카페에 가보면 키오스크가 널리 보급되어 '주문받는 사람'이 사라지고 있다. 일자리가 줄어든다는 비명이 여기저기 들린다. 기술의 발달은 인류 전체로 보아서는 반가운 일이지만 마냥 기뻐할 수만은 없는 이중성을 갖는다. 최근에는 더욱 그렇다. 과거에는 일자리가 줄어드는 것을 '제조업 일자리'가 줄어드는 현상으로 해석하는 경향이 많았다. 육체노동이 필요한 부분을 기계가 대신한다고 말이다. 인간이 허리 굽혀 수행해야 할 전자 제품 조립을 로봇이 대신 처리하면서 인간이 편안해진 것은 물론, 훨씬 정교하고 빠르게 제품을 생산할 수 있게 되었다. 인간은 로봇을 지켜보다가 불량품만 확인하는 역할 정도에 머물게 되었다. 그때에도 "로봇이 인간의 일자리를 빼앗는다"라는 비명이 컸지만 인간이 힘들고 위험하게 처리해야 할 작업을 로봇이 대신한다는 측면에서 용인되는 부분이 많았다. "인간은 더

다섯 번째 맛

우아할 일을 하면 된다"라는 식으로 말하면 고개를 끄덕일 수 있었다. 실제로 제조업 분야에서 줄어든 노동력은 서비스업 쪽으로 흘러갔고, 인류의 삶을 더욱 풍족하게 만들었다. 하지만 최근의 변화는 '인간만이 할 수 있는 일'이라 자신했던 서비스업 분야까지 기계가 침투하고 있으니 공포가 확산되는 것이다. 앞에서 예로 든 키오스크의 보편화 같은 사례 말이다.

설상가상으로 문제⑦는 심각해진다. 식당에서 주문받고 식기를 나르는 단순 서비스 업종뿐 아니라 인간의 지능이 아니면 안 된다고 판단했던 영역까지 '기계'가 침투하기 시작한 것이다. 바로 인공지능AI이다. 챗GPT가 대표적 사례다. 골드만삭스는 "챗GPT 같은 생성형 AI가 3억 개에 달하는 세계 정규직 일자리를 대체하게 될 것"이라며 "육체노동자보다 사무 행정직 근로자들이 AI로 대체될 가능성이 크다"라고 분석했다. 굳이 골드만삭스 같은 기관이 아니라도 누구든 할 수 있는 분석이다. 그만큼 AI의 발달은 우리 생활 깊숙이, 누구나 인식할 수 있는 '위협'으로 다가오고 있다. 혹자는 "그럼에도 인간만이 할 수 있는 영역이 있다"라고 말할 테지만 과거에도 그랬다가 기계에게 빠르게 습격당했던 것이 인류의 역사였으니, 이번에도 역시 당하는⑦ 것 아닌가 하는 불안감이 상존하는 것이다. 이제는 그림까지 AI가 그리고, 작곡도 AI가 만든 노래가 더 좋다는 경지에 이르렀다. 뉴스 기사도 소설도 AI도 쓴다. 법정 판결도 AI가 하는 세상이 올지 모른다.

2023년 4월 세계경제포럼WEF은 2027년까지 일자리 8300만 개가 지구상에서 사라질 것으로 추정한 바 있다. 사이버 보안 등 6900만 개의 새로운 일자리가 창출될 것이라고 내다보았으나, 이를 감안하더라도 일자리 1400만 개가 순감소할 것이라는 예측은 분명하다. 향후 5년간 가장 빠르게 사라질 직업으로는 은행 사무원, 우편 사무원, 계산 및 티켓 판매 종사자, 데이터 입력 담당자 등 모두 '사무'라는 이름을 달고 있는 직종이다.

❖❖❖

일자리 문제는 심각한 나비효과를 낳는다. 일자리를 지키는 것이 국가의 가장 큰 역할 가운데 하나가 되었다. 정부가 일자리 감소를 억제하거나, 새로운 일자리를 창출해내야 한다고 유권자들이 아우성치는 것이다. 일이 없어 노는 국민이 많아지면 세수가 줄어드는 것은 물론, 재정 지출이 늘고, 범죄가 늘어나는 등 여러 사회적 문제가 겹친다. "일자리를 지켜주겠다, 책임지겠다" 약속하는 정치인이 최고 인기를 누리는 시절이 되었다.

일자리를 보호하려다 보니 일단 자국 산업을 보호해야 한다. 앞에 살펴본 대로 기술이 발달하면 생산직 일자리가 가장 먼저 위협을 받는다. 사무직 중에서는 이른바 '단순 사무직'이라 불리는 직종의 AI 대체 속도가 가장 빠르다. 그러니 중하층 노동자를 대상으로 선동적 언사를 일삼는 정치인이 갈채를 받게 된다. "국민의 일자리를 보호하는 일 앞에서는 동맹도 이웃도 필요 없다"라는 식으로 목소리를 높인다. 이민 정책에는 적대적인 칼날을 벼린다. 미국에서 트럼프 같은 정치인이 등장하게 된 이유가 바로 여기에 있다. 국민에게 표를 얻으려면 다른 정치인들도 엇비슷하게 보폭을 맞추어야 한다. 지금 미국에서 민주당이든 공화당이든 '미국 제일주의' '미국 일방주의'를 앞세우는 정치인이 갑작스레 각광받는 이유는 그것에 있다. 세계의 맏형 역할을 해왔던 미국의 국제 리더십이 급격히 변화하고 자기중심적으로 재편되는 것이다. 그것을 자유민주주의 가치 동맹이니 하는 그럴듯한 개념어로 재포장하고 있을 따름이다.

일자리가 줄어드는 고통과 충격은 청년 세대가 가장 크게 느낀다. 중장년층은 이미 일자리를 갖고 있다. 산업화 시대에 강화된 노동권으로 이들을 쉽게 해고할 수 없다(물론 쉽게 해고해서는 안 된다). 그것이 청년 세대와 중장년층 세대의 '세대 갈등'으로까지 치닫는다. 과거의 세대 갈등이 문화 갈등에 가까웠다면 지금의 세대 갈등은 일종의 계급 갈등이다. "저들이 박힌 돌처럼 눌러앉아 일자리를 차지하고 있으니 우리 일자리가 생겨나지 않는다"는 식으로 청년들이 생각하는 것이다. 여기서 '저들'이 '무능한 저들'로 구체화되면서 세대 갈등은 증폭되는 중이다. 게다가 이른바 '세대 갈라치기'를 하면서 거기에 일부러 기름을 끼얹는 정치 세력마저 등장한다. 갈등과 혐오가 '표'가 되는 시대가 되었다.

2023년 2월 우리나라 비경제활동 인구 가운데 '쉬었음'으로 집계된 인구는 263만 5000명이었다. 44만 4000명인 청년은 19퍼센트를 차지한다. 50대 이상에서는 42만 6000명이 '쉰다'고 표현했다. 쉬어도 되는 연령대가 쉰다고 표현하는 것은 그럴 수 있는 일이라지만 한창 '일할 권리'를 추구하고 있어야 할 청년들이 쉰다고 말하는 것은 심각한 일이다. 급기야 2023년 4월에는 '쉰다'고 말하는 2030 세대 숫자(66만 명)가 일하지 않는 4050 세대 숫자(61만 3000명)를 넘어서기 시작했다. 2030 실업자가 4050 실업자보다 많은 것은 이 분야 통계를 작성하기 시작한 이후 처음 있는 일이다. "고용 상황이 나아지고 있다"라는 정부의 발표를 그대로 믿는 국민은 드물다.

따라서 일자리는 '국민이 각자 알아서 할 일'이라고 내버려둘 문제가 아니다. 그것을 자유의 영역이라 말하면서 자유만 외쳐댄다고 해결될 일이 아니다. 자유라는 개념에는 '권리'가 포함되어 있다는 사실을 망각한, 아니 알지 못하는, 무지한 주장이다. 국가의 지도자로서 자기 책임을 방기하는 것이다. 일자리는 이제 사회 안전의 문제와도 직결된 과제가 되었다. 일자리가 세대 갈등을 일으킨다. 지방과 수도권의 갈등을 일으키고, 일자리가 성별 갈등을 유발하고, 심지어 일자리가 국제 질서까지 재편하는 중이다. 일자리가 감소하니 숱한 나비효과가 발생하면서 세상이 양극화로 흉흉하다.

대안은 없을까? 정치 분야의 모든 일이 그렇지만 이 문제 역시 종합적인 대책이 필요하다. 그저 단순히 공공 일자리를 창출하면 된다, 코딩 교육을 강화해야 한다, 산업 구조를 AI 중심으로 재편해야 한다, R&D 투자를 확대한다고 해서 풀릴 수 있는 문제가 아니다. 물론 각각 좋은 대책이기는 하지만 근본적·종합적·장기적 대책을 마련하기 위해 노력해야 한다. 일자리 문제와 관련한 사회적 대타협과 대합의가 필요하다. 하지만 우리 정치는 갈수록 타협과 합의를 모르고 있으니, 그것이 암울하고 송구한 일이다.

◇◇◇

지금 미국은 자국 중심주의를 강화하면서 중국과 대립 각을 날카롭게 세우는 중이다. 신냉전의 시대라고까지 말한다. 중국도 마냥 굴복할 수는 없으니 자기들 나름대로 반격을 시도하는 중이다. 중국이 근육 자랑을 시작하면서 중국을 부정적으로 바라보는 시각 또한 확산되고 있다. 내부의 갈등과 모순이 심화될 때는 문제의 원인을 외부로 돌리면서 내부의 단결을 도모하고 정치권에 대한 비난을 회피하려는 것이 낡은 정치인들의 고전적 수법이다. 작금 중국 혐오가 급격히 확산되는 것에는 그러한 원인도 없지 않아 있어 보인다. "우리가 힘든 것은 중국 때문"이라고 말이다.

어찌 되었든 그런 '나쁜 중국'도 AI 시대에 대응하기 위해 전면적 혁신 계획을 수립해 추진하는 중이다. 2018년 중국 교육부는 '대학 AI 혁신 행동 계획'을 발표해 차세대 AI 발전 계획을 2030년까지 3단계 로드맵으로 설정해 진행하겠다고 밝혔다. 'AI 인재 국제 양성 계획'을 추진해 단기적으로는 5년 이내에 AI 관련 교수 500명을 확보하고, AI 인재 양성을 위한 디캠프DeeCamp 또한 진행할 예정이다. 그저 "중국이 싫다"라고만 말할 것이 아니라 '싫은' 중국이 이토록 열심히 노력하고 추격해오는 것에 강한 긴장감을 느껴야 한다. 중국 교육부는 '중국 교육 현대화 2035'를 수립해 AI 시대에 대비한 종합적 교육 혁신 대책을 밀고 나가는 중이다. 공산당 1당 국가라서 이런 점에서는 확실히 추진력을 보인다. 경계하고 대비할 대목이다.

미국 또한 부지런히 움직이는 중이다. 바이든 행정부가 2022년에 발표한 'ExLENT 계획'이 있다. ExLENT는 Experiential Learning for Emerging and Novel Technologies의 약자로, 국가가 예산을 쏟아부어 신기술 분야 인력을 집중적으로 양성하겠다는 계획이다.

이 계획은 기후 변화, 청정에너지 같은 사회적 문제를 해결하고 신기술을 발전시키기 위해 필요한 STEM 인력—과학Science, 기술Technology, 공학Engineering, 수학Math을 전공한 인재를 확대하는 것을 주목적으로 한다. 미국 국립과학재단NSF이 인력 양성 기관과 신기술 분야 전문가를 갖춘 조직 간의 파트너십 유지를 위해 연간 3000만 달러를 지원하고, 학생들의 신기술 체험 학습을 지원하는 금액만 3년에 걸쳐 100만 달러를 투입하겠다고 밝혔다. 중국에게 결코 질 수 없다고, '국가에서 대대적인 지원을 아끼지 않겠다'고 공개적으로 선포한 셈이다.

미국이 시장 만능주의 국가 같지만 그렇지 않다. 시장에서 모든 일이 해결되도록 내버려두었을 것 같지만 그렇지 않았다. 1950년대 후반에 소련과 우주 경쟁에서 질 것 같으니 미국 항공우주국NASA을 설립해 국가에서 전폭적으로 지원했고, 그러한 자금이 실리콘밸리 등으로 흘러가면서 과학 기술이 폭발적으로 성장했다. 그것이 미국의 역사다. 미국 또한 시장과 정부의 양쪽 기둥을 통해 성장했다. 이런 사실을 잘 모르거나 숨기려는 사람들이 "시장은 기업에 맡겨놓고 정부는 거드는 역할만 하면 된다"라는 식으로 그럴듯한 시장주의를 앞세운다.

시대의 변화에 적응하는 일에는 좌도 없고 우도 없다. 보수도 없고 진보도 따로 없다. 국가주의니 권위주의니 시장주의니 하면서 한가한 논쟁이나 하고 있을 겨를 또한 없다. 남

(다른 국가)이 달려가고 있으면 우리는 빠르게 뒤쫓아가는 수밖에 없다. 오랑캐가 남한산성 코앞까지 쳐들어왔는데 "공산 전체주의 세력을 척결해야 한다"라고 철 지난 이념 타령이나 하면서 허송세월하고 있는 것은 아닌지 심각하게 반성하며 돌아보아야 한다.

　두부는 사실 맛이 없는 식재료다. 고소한 맛이 나기는 하지만 두부 자체로는 강력한 맛이 없다. 하지만 그렇게 특별히 맛이 없는 재료라서 두부는 어느 요리에나 어울리는 재료가 되었다. 탕과 찌개에 두루 두부가 들어간다. 조림으로 조려 먹고, 부침으로 부쳐 먹고, 튀겨 먹기도 하고, 볶은 김치와 함께 먹으면 막걸리 안주로도 제격이다.

　두부처럼 활용도 높은 정치가 되어야 한다. 조미료는 특정한 맛을 내는 데는 강력한 효과가 있는 것처럼 보이지만 조미료만 먹고 살 수는 없는 법이다. 두부처럼 무색무취하게 보이지만 어디에나 쓰임이 있는 정치가 되어야 한다. 그래야 국가가 살고 국민이 살고 일자리가 늘어난다. 어느 한쪽으로 일방적으로 치우친 정치여서는 안 된다. 먹고사는 문제를 우선 해결해야 한다.

여섯 번째 맛

...

배고픈 곳에서 조화를
말하기 어렵다

자취방 미역국

좋아하는 음식을 꼽으라면 김치찌개나 잡채 혹은 문어 숙회나 홍어삼합 등 국민이 일반적으로 좋아하거나 개성 있고 특이한 음식을 앞세워야 정치인이라 할 수 있을 텐데 나는 그냥 '미역국'이라고 말한다. 사실이 그러하니까.

지금은 미역이 우리 주위에 흔한 식재료 가운데 하나이지만 40∼50년 전만 해도 그렇지 않았다. 우리나라에 미역 양식 기술이 발달하기 시작한 것은 1970년대 중반부터다. 바다 위에 바둑판을 깔 듯, 뜸통이나 부표를 이용해 해수면에 수평으로 밧줄을 띄운 다음, 거기에 다시 수직으로 줄을 달아 물속에 늘어뜨려 놓고 종묘를 뿌려 굴과 미역 등을 키우는 방식을 연승식 양식이라 하는데, 그런 인공 종묘 생산과 양식 기술을 정부 차원에서 개발·보급하기 시작한 때가 1970년대다. 그

결과 '흑색 혁명'이라는 신조어가 생겨날 정도로 한국의 미역 생산량은 크게 증가했다. 바닷가에 아무렇게나 굴러다니는 풀 정도로 생각했던 미역이 어민들의 수출 효자 상품이 된 것이다.

미역은 요오드와 칼슘이 풍부하고(해조류 가운데 칼슘을 가장 많이 함유하는 식품이다) 철분 등 미네랄 성분이 많이 포함된, 뼈와 치아 건강에 좋은 식재료다. 아이를 낳으면 산모들이 미역을 섭취하는 것에서 우리 조상들의 지혜를 엿볼 수 있지 않은가. 해외에서 아이를 낳아도 병원에서 미역국을 먹는 모습으로 한국인 산모를 알아볼 수 있다고 한다. 한자 문화권에서도 미역의 효능을 일찌감치 알아보고 특히 산후조리 등에 활용한 민족은 우리 민족이 유일하다.

지금은 미역을 대부분 양식한다. 바다가 잔잔한 전라남도 해안 지역이 국내 생산량의 97퍼센트가량을 차지한다. 하지만 1970년대 이전에는 그렇지 않았다. 3면이 바다인 우리나라는 해안에 떠밀려 온 미역을 흔히 발견할 수 있는데, 파도가 거센 동해안 지역 미역은 잎이 거칠고 도톰한 것이 특징이다. 표면이 오돌토돌해 씹는 맛이 있고, 오래 끓일수록 깊고 고소한 맛이 난다. 그런 미역을 그냥 채취하기도 하고, 미역바

위에 붙은 돌미역을 뜯어 활용하기도 했다.

어릴 적 우리 집에는 항상 미역국이 있었다. 요즘에는 보드랍고 얇은 잎 부위만 곱게 말려 잘게 썬 건미역 즉석 상품이 마트나 편의점에 많다. 내가 자랄 적에는 미역 뿌리만 떼어내 도톰한 줄기와 이파리가 통째 붙어 있는, 생미역을 그대로 말린 것들을 시장에서 팔았다.

어머니는 커다란 무쇠솥에 미역을 넣고 달달 볶은 다음 물을 부어 끓였다. 소고기, 새우, 홍합, 들깨 같은 부재료를 일절 넣지 않았다. 그냥 미역만 넣고 푹 끓였다. 그래도 미역이라는 식품은 대단하다. 미역 자체만으로도 훌륭한 한 끼 국거리가 된다. 끓이면 끓일수록 푸근하고, 고소하면서 특유의 단맛이 난다.

우리 집에는 사시사철 미역국이 끓이지 않았다. 부엌에 가면 무쇠솥에 어김없이 미역국이 있었다. 미역국이 좋은 점이 있다. 다시 끓여 따뜻하게 먹어도 좋지만 식은 채 그냥 먹어도 맛있다. 밥 한 공기 담고 미역국 한 사발 덜어, 옆에 깍두기 하나만 곁들여 놓아도 훌륭한 한 끼 식사가 된다. 꿀꺽, 침 넘어가는 소리가 들린다.

어릴 적 그토록 자주 먹었던 음식이니 물릴 법도 한데,

음식에 대해서는 그저 무난한 성격 탓인지, 음식도 습관처럼 몸에 배는 것인지 나는 지금도 좋아하는 음식을 꼽으라면 고민할 필요 없이 "미역국"이라고 답한다. 무언가 대단한 음식을 거론할 것이라 기대했던 질문자의 표정에는 당황해하는 듯한 눈빛이 스친다. 적잖은 사람들이 요리라고 생각하지도 않는 음식이기 때문이다. 식당에서 흔한 기본 반찬으로 나오는 국거리가 미역국 아닌가. 그래서 나는 미역국이 좋다.

나는 중학교 때부터 자취 생활을 했다. 그때도 미역국은 언제나 곁에 있었다. 국거리로서 미역국이 좋은 점은 여럿이다. 미역에 물만 부어 끓이기만 해도 국이 되고, 아무런 부재료나 조미료를 넣지 않아도 되고, 끓이면 끓일수록 맛있어지고, 식은 채 그냥 먹어도 맛있다는 장점도 있지만 그중에서도 '보관하기 편하다'는 것이 미역 최고의 장점이다.

건미역은 굳이 냉장 보관을 하지 않아도 된다. 신문지에 돌돌 감싸 습도가 낮고 직사광선 없는 곳에 보관해놓으면 된다. 두께 또한 얇아, 찬장 옆 틈새 같은 곳에 꽂아놓듯 보관하면 된다. 학교에 가기 전에 찬물에 미역을 담가놓는다. 방과 후 돌아와서 보면 미역이 풍성히 부풀어 있었다. 미역이 좋은 점은 또 이런 점이다. 건미역으로는 한 줌도 되지 않을 분량이지만 물에 담가 놓으면 냄비 가득 부풀어 오른다. 그래서 건미역의 양을 제대로 조절하지 못해 사나흘 연속으로 미역국만 먹었다는 경험담도 주위에 흔하다. '내 이야기인가?' 생각하면서 빙그레 웃고 있는 당신의 표정이 보인다.

　대학에 들어가 서울에서 자취 생활을 할 때도 미역국은 단짝처럼 내 곁에 붙어 다녔다. 곤로 위에 보글보글 미역국을 끓였다. 허기진 몸을 이끌고 단칸 자취방에 몸을 뉘기 전, 방에 달린 작은 부엌에(부엌이라고 말할 수도 없는 작은 공간에) 쭈그리고 앉아 양은 냄비에 담긴 미역국을 들이켰다. 보드라운 고소함이 목젖을 타고 넘어가면서 하루의 피곤이 지긋이 풀리는 느낌이었다. 인생의 8할을 미역국이 만들었다고 말하면 지나친 표현일까. 어머니가 나를 낳고 미역국을 드셨고, 미역국의 온기로 우리 7남매는 자랐다. 그렇게 편하고, 언제나 곁에 둘 수 있으면서 사람에게 꼭 필요한 영양분을 보충해주는 미역국 같은 삶을 살고 싶다. 어렵고 권위적인 사람이 아니라 다가가기 쉽고 편안한 정치인이고 싶다.

❀❀❀

"정치란 무엇입니까?" 그런 질문을 종종 듣는다. 정치인이니까, 정치인인 나에게 그런 질문을 하는 것은 당연한 일이다. 정치란 정말 무엇일까? 그것은 '시란 무엇인가?'라는 질문에 답하는 방식과 비슷하다 할 것이다. 시는 무엇인가? 여러 이론적 배경을 소개하면서 설명하는 방법도 좋지만 가장 손쉬운(?) 방법은 '가장 시다운 시'를 보여주는 것이다. "이것이 바로 시"라고 말이다. 시의 전형을 말하는 것에서 시를 대하는 시인의 태도를 엿볼 수도 있다.

정치를 여러모로 정의할 수 있지만 나는 일단 정치는 "국민을 먹여 살리는 일"이라고 말한다. 거기에 하나 덧붙여 "국가라는 공동체를 조화롭게 이끄는 일"이라고 말한다. 이 두 가지가 정치의 양쪽 날개라고 할 수 있다. 굳이 개념어로 정리하자면 한쪽은 성장·분배·발전의 날개이고, 다른 한쪽은 조화·균형·통합의 날개다. 정치는 이렇게 양쪽 날개를 펼쳐 국가라는 몸통을 창공에 띄우는 일이다. 보수와 진보, 좌익과 우익의 낡고 고루한 날개가 아니라 성장과 조화의 양 날개를 국가의 진짜 양쪽 날개로 활짝 펴고 날아가야 한다. 국민을 먹여 살리면서 통합해 나가는 일. 그것이 말처럼 쉬운 일은 아니다. 잘살 수 있게 노력하다 보면 격차가 벌어지기 마련이다. 격차를 줄이겠다고 노력하다 보면 오롯이 능력만으로 성취를 이루었다고 생각하는 사람들이 반발하기 마련이다. 격차가 줄어드는 속도에 만족하지 않는 집단도 생겨난다. 정반대의 불만을 품는 사람 또한 존재한다. 그런 쉽지 않은 과제를 동시에 이루어내는 일이 정치다. 어느 순간에도 정치는 '두 마리 토끼'를 좇는 일이고, 소수 의견도 무시하거나 배제하지 않는 일이고, 양쪽 날개를 시원스레 활짝 펴고 창공을 날아가는 일이다.

　　고대 그리스에서 정치는 '한량들의 여가 생활'이었다고 표현할 수도 있겠다. 고대 그리스에서는 생계 문제를 기본적으로 해결한 사람들에게만 정치에 참여할 권한을 주었다. 자신이 먹고사는 문제는 해결한 사람들이니 '공동체'의 문제에 접근할 여유가 있다고 판단한 것이다. 돈 있는 사람만 정치를 해야 한다는 논리와도 비슷하다. 그리스 민주정을 폄훼하려는 뜻은 아니지만 '출발'은 그렇다는 것을 강조하려고 일부러 비약해 말했다.

　　요컨대 고대 그리스에서 정치는 오이코스oikos(집안)의 문제와 대비되는 개념이었다. 자기 집안의 울타리를 넘어 폴리스polis (도시 국가)의 문제를 고민하고 해결하는 일이 정치였다. 그러니 정치는 '폴리틱스'가 되었다. 폴리틱스는 오이코스의 시야를 넘어선 사람들이 사적인 이익을 초월해 공적인 관심사를 다루는 영역이라고 정리할 수 있다. 참고로 오이코스는 이코노미economy의 어원이 된다.

흔히 '민주 정치의 태생지'라고 말하는 고대 그리스에서 정치학의 원류가 생겨났다. 고대 그리스에는 정치를 다루는 여러 학문 분야가 있었는데, 그 가운데 중시했던 분야가 우리가 지금 레토릭rhetoric이라고 부르는 수사학이다. '말', 즉 언어를 다루는 학문이다.

그렇다면 말을 잘하는 사람이 정치인인가? 맞기도 하고 틀리기도 한다. 레토릭은 사탕발림 같은 말로 다른 사람을 속이거나 비정한 독설로 다른 사람을 조롱하거나 공격하는 요령을 가르치는 학문이 아니다. 다른 사람을 '설득하는' 기술을 레토릭에서 다룬다. 대화와 토론을 잘하고, 연설을 잘하고, 글을 잘 쓰는 능력을 정치인의 기본으로 삼은 것이다. 강조컨대 그것은 현란한 언어와 문장으로 누군가를 눈속임하려는 목적이 아니라 자신이 생각하는 바를 다른 사람에게 제대로 전달해서 자신의 편으로 끌어들이는 재능과 관련된 일이다. 생전에 노무현 대통령은 "연설문을 자기 손으로 쓸 수 없는 사람은 지도자가 될 수 없다"고 줄곧 말씀하시곤 했다. 정치의 기본에 해당하는 일이다.

✿✿✿

그런 의미에서 요즘 우리나라 정치를 보면 그냥 '나쁜 정치'인 수준이 아니라 '정치 자체가 실종되지 않았는가?'라는 회의감마저 든다. 내가 생각하는 정치는 첫째, 국민을 먹여 살리는 일이고 둘째, 국민을 통합하는 일이다. 특정한 시기에 둘 중 하나가 비교적 강조될 수는 있다. 어찌 되었든 정치는 이 두 가지 목표를 동시에 밀고 나가는 일이다. 특정한 목표가 중요하다고 다른 목표를 눌러서는 안 된다.

물론 다르게 생각하는 정치인도 있을 것이다. 먹고사는 일은 국민 각자가 해결할 몫이라고 생각하는 정치인이 있을 수 있고, 정치적 상대편을 공격해 무너뜨리는 일이 정치의 본령이라고 생각하는 정치인이 있을 수도 있다. 그런데 나는 그런 것은 정치가 아니라고 생각한다. 정치가 아닌 것을 정치라 생각하고 뛰어든 사람들을 상대하려다 보니 근원부터 어긋난 것 같다는 당혹스러운 감정을 느낄 때도 있는데, 최근 들어서는 그러한 경우가 점점 늘어나는 것 같다. 이런 식으로 우리 사회가 흘러가다가는 큰일 날 것 같다는 위기감마저 느낀다.

작금의 상황을 둘러보면 일단은 국민 스스로가 '국가가 국민을 지켜준다'는 희망을 잃어가는 것 같다. "정치는 국민을 먹여 살리는 일"이라는 말은 '국민은 가만히 있는데 정치가 알아서 떠먹인다'라는 뜻은 당연히 아니다. 국민이 먹고사는 일의 '앞길'을 틔워주는 것이 정치의 역할이다. 하지만 지난 수년간 우리나라 풍경을 보면 국민이 먹고사는 길을 정치가 오히려 가로막고 있는 것은 아닌가 하는 회의감과 죄책감마저 느끼는 것이다.

오죽했으면 각자도생이라는 말까지 유행할까. '각자 알아서 살아남아야 한다'는 가치관이 통용되는 사회에는 통합의 목소리가 힘을 얻지 못한다. 아무리 통합하자고 말해보았자 설득이 안 된다. 통합이 없는 사회에 정치의 역할은 갈수록 중요하지만 통합이 없는 상태를 정상이나 일상, '뉴노멀'로 받아들이면서 정치에 대한 무관심과 냉소 또한 깊어가는 중이다. 정치가 직업인 사람 가운데 한 명으로서 심각한 직업적 위기감을 느낀다. 이런 상황에 위기감을 느끼지 않고 이 상황을 오히려 즐기는 정치인이 있다면, 그것이 바로 위험한 정치로 나아가고 있다는 증거 아닐까.

◦◦◦

정치란 무엇인가. 30년 넘게 정치를 하면서 끊임없이 거듭했던 고민 가운데 하나다. 그것은 시를 꾸준히 쓰면서도 '내가 쓰는 것이 시 맞나?'라고 번뇌하는 시인의 고민과 같을 것이다. 정치란 무엇인가를 정의하는 유형의 고민이 아니라, 내가 정말 '제대로 된' 정치를 하고 있는가라는, 존재에 대한 성찰과 반성의 마음을 갖는 것이다. 원칙에 맞게 일하고 있는 가. 능력만큼 최선을 다하고 있는가. 혹시 지엽적인 미혹에 흔들리고 있는 것은 아닌가. 정치인의 급여는 국민이 주시는 세금인데, 급여의 가치를 다하고 있는가. 그것은 신영복 선생의 지혜로운 표현대로, 북극을 가리키는 지남철이 항상 바늘 끝을 떨고 있는 긴장과도 같다.

여기서 경제학 이야기를 해보자. 사람들에게 경제학이 무엇인 것 같냐고 물으면 고개를 갸웃하면서도 "먹고사는 일과 관련된 학문 아닐까요?"라는 식으로 대답한다. "돈 버는 것과 관계있는 학문?"이라고 살짝 웃으며 되묻는 분들도 계신다. 경제학자에게 경제학에 대한 정의를 물으면 대체로 이렇게 답한다. "희소한 자원을 어떻게 활용할 것인가를 연구하는 학문." 한편으로 "인간의 경제 행위를 분석하는 사회과학"이라고 말하는 학자도 있는데, '경제 행위'가 대체 무엇이냐고 다시 물으면 "제한된 자원을 다루는濟 행위"라고 말한다. 어찌되었든 경제학에서 자주 등장하는 표현은 '희소하다' '제한되었다' 등의 한정限定에 관한 표현이다. 인간의 욕망은 무한한데 자원은 한정되어 있으니 그것을 얼마나 효율적으로 다룰 것인가를 다루는 학문이 경제학이라는 뜻이다. 그래서 경제학을 "합리성을 다투는 학문"이라고 말하는 학자도 있다. 인간은 최대한 효율적이고 합리적인 선택을 한다는 것이고, 그것을 '경제적 선택'이라 부른다. 그런 선택을 다루는 학문이 경제학이라는 뜻이다. 물론 인간은 언제나 합리적 선택만을 하는 것은 아니다. 합리적 선택을 하고 있다는 착각에 빠져 살기도 한다. 그것만 따로 다루는 경제학 분야가 있을 정도인데, 행동 경제학이 주로 그런 현상에 주목한다.

그렇다면 정치학이란 무엇인가. 그에 앞서 우리가 흔히

"정치적 선택" 혹은 "정치적 행위"라고 말할 때 등장하는 '정치'라는 용어에 주목하지 않을 수 없다. 단도직입적으로 말하자면, 효율성을 지나치게 앞세우면 정치라고 말할 수 없다. 비효율적인지 알면서도 거기로 나아가는 것이 어쩌면 정치다. 그런 지점에서 정치와 경제는 많이 다르다. 정치학과 경제학도 다르다. 경제학이 어떻게든 효율적인 선택을 하도록 유도하고 고민하는 학문이라면, 정치학은 효율성과 상관없이 (혹은 효율성 자체를 목적으로 삼지 않고) 공동체의 전반적 이익을 고민하는 학문이다. 어떻게 하면 공동체가 조화로울 수 있을지, 어떻게 하면 다툼 없이 공동의 이익을 추구해나갈 수 있을지를 고민하고 검토하고 결정하는 영역이 정치다.

따라서 정치학자와 경제학자가 만나면 좀 싸울 수밖에 없다. 알뜰살뜰 가계부를 꾸리고 싶은 사람, 당장은 손해더라도 긴 안목으로 보아서 공동체 전체에 이익이 된다면 그쪽을 선택하는 사람, 그 차이라고 보아야 할 것이다. 사고의 방향이 근원적으로 다르다고 말할 수 있다. 《화성에서 온 남자, 금성에서 온 여자》라는 책 제목처럼, 서로가 서로를 영원히 이해하지 못하는 존재인지도 모른다.

이것은 정치인과 기업인의 차이에서도 발견할 수 있다.

물론 기업인은 훌륭한 존재다. 기업인 출신으로 정치인이 된 분 중에도 유능한 정치인이 많다. 하지만 기업인과 정치인의 사고에는 근원적 차이가 존재한다는 사실을 발견할 때가 많다. 확실히 기업인은 많은 것은 '기브 앤 테이크'의 방식으로 사고한다. 주는 것이 있으면 (혹은 투자한 것이 있으면) 돌아오는 것도 있어야 한다는 것이 기업인의 사고다. 하지만 정치인은 '돌아오는 것이 없을 수도 있다'는 사실을 늘 염두에 둔다. 심지어 '돌아오지 않아도 어쩔 수 없다'는 선택까지 감행한다. 그런 측면에서 기업인과 정치인은 부딪친다. 기업인의 사고로는 감히 실행할 수 없는 일, 도무지 이해할 수 없는 일을 자꾸 도발하는 존재가 정치인이다. 그래서 정치인은 '바보' 소리를 곧잘 듣는다. 좋은 의미로든 나쁜 의미로든, 정치인은 태생적으로 바보가 맞기는 하다. 바보가 되어야 하는 숙명을 타고난 사람이 정치인이다. 다만 '제대로 된' 바보가 되어야 한다.

◇◇◇

'정치 경제학'이라는 학문 분야가 있다. 정치와 경제는 떼려야 뗄 수 없는 관계라는 뜻에서 융합된 학문이다. 인간의 경제 행위와 활동을 정치적 측면에서 분석하는 학문 영역이기도 하다. 경제가 정치에 종속되어 있다는 뜻은 아니지만 정치 없이 과연 어떤 경제가 존속할 수 있을까.

"정치인이 없어도 세상은 잘 돌아갈 거예요"라고 한숨을 내쉬며 말씀하는 분들이 계신다. 정치권에 오죽 실망하는 마음을 가졌으면 그렇게 말씀하실까 싶다. 그러면서 "정치와 경제는 따로 움직여야 한다"라고 말씀하는 분도 계신다. 그 말씀의 속뜻 역시 충분히 이해한다. 경제가 정치 논리에 예속되어서는 안 된다는 뜻일 것이다. 하지만 '정치 따로, 경제 따로'는 어쩌면 위험한 발상이고 불가능한 시스템이다. 정치와 경제가 서로 자기 역할을 존중하면서 협력하는 관계가 이루어져야지, 정치 따로 경제 따로 나아가면 국가가 건전한 발전을 이룰 수 없고, 실제로 그렇게 '따로' 가는 사회란 존재하지 않는다.

정치인이 없는 세상에는 또 다른 정치인이 생겨날 것이다. 정치인 없이 기업인만으로 세상을 운영하면 지구가 무척 합리적이고 효율적으로 변할 것 같지만 세상에 남은⑦ 기업인 가운데 분명 정치인이 생겨날 것이다. 그것이 인간의 본성이기 때문이다. 본성에 해당하는 영역은 인정하고 잘 다듬는 것이 인간으로서의 자세이지 마음에 들지 않는다고 본성을 거세할 수는 없는 일이다.

자, 그렇다면 '이놈의' 정치를 어떡해야 할까. 반복하는 표현이지만 '국민을 먹고살게' 하는 일이 정치다. 먹는 일만큼 정치와 직결되는 일도 없다. 국민이 '한솥밥을 먹는다'라는 동질감을 느끼게 해주는 것이 정치의 또 다른 목표다. 먹는 것과 정치는 떼려야 뗄 수 없는 관계를 갖는다. 그것을 분명히 인식하는 것으로부터 정치는 다시 시작해야 한다.

어릴 적 우리 어머니는 몽글몽글 미역국을 끓였다. 사시사철 우리 가족은 미역국을 먹었다. 나는 그것이 싫다고 여긴 적이 한 번도 없다. 그때는 그 정도 먹고살 수 있다는 것만으로도 감사한 시절이었다. 지독한 가난을 벗어나 우리도 잘살 수 있다는 기대에 부푼 시절이었다. 그래서 어쩌면 우리 세대는 축복받은 세대인지도 모른다.

그런데 지금은 어떠한가. "국가는 성공했지만 국민은 불행한 나라"라는 평가까지 듣는 나라가 되었다. 불행이라고까지 할 수는 없으나 국가가 성취한 성과에 비해 국민의 만족도는 현격히 떨어지는 것이 사실이다. 굳이 복잡한 통계를 꺼내지 않아도 된다. 경제 규모에 있어 우리나라는 세계 10위권

국민이 '한솥밥을 먹는다'라는 동질감을

느끼게 해주는 것이 정치의 또 다른 목표다.

먹는 것과 정치는 떼려야 뗄 수 없는 관계를 갖는다.

그것을 분명히 인식하는 것으로부터

정치는 다시 시작해야 한다

으로 자타 공인 선진국이지만 '삶의 질' 영역에서 조사해보면 OECD 국가 가운데 언제나 최하위권에 머문다. 2022년 조사에서는 OECD 38개국 가운데 36위였다. 한국인보다 삶의 만족도가 낮다고 대답한 국가는 지속된 내전으로 고통받는 콜롬비아, 막대한 지진 피해를 입은 튀르키예 국민뿐이었다.

국가는 잘사는데 국민은 불행하게 느낀다. 이유는 무엇일까? 거기에 대해서도 네 탓, 남 탓 하며 싸우기 바쁘지만 바로 그것이 우리가 불행한 이유 아닐까 싶다. 각자 자리에서 반성하며 돌아보지 않고 자숙하지 않고 외부 탓으로 돌리면서 공격적으로 대응하는 경향이 많으니 분노와 갈등이 끊이지 않고 있고, 문제는 해결되지 않은 채 '문제가 문제를 낳는' 사회가 되고 있다. 역으로 지나치게 각 개인의 책임만을 강조하다 보니, '모든 것은 내 잘못' 혹은 '노력해보아야 안 된다'라면서 극단적인 선택을 이어가는 사회가 되고 있다. 나는 이른바 진보 진영에 가깝게 있었으니 진보 진영의 입장에서 반성하며 돌아보는 것이 마땅하다.

우리나라 진보 진영의 가장 큰 문제는 성장 담론이 부재했다는 점에 있다. 성장과 조화 가운데 지나치게 조화만 추구하다 보니(사실은 그 조화도 올바르게 추구하지 못했다) 기술 진보에 무지

하거나 심지어 적대시하는 태도까지 드러냈다. 승차 공유 서비스인 '타다'를 적대시하면서 급기야 '타다 금지법'이라 불리는 규제 법안까지 만들어낸 것이 대표 사례 아닐까. 기존 택시 기사의 권익은 보장하되 기술 발달의 진보는 가로막지 않는 상생의 해결책은 과연 없었던 것일까.

갈등을 해소하겠다고 현금성 지원 정책에만 집중한 것도 진보의 한계를 드러낸다. 2010년 무상급식으로 시작된 '무상' 시리즈는 경제 민주화 논의를 거쳐, 급기야 아직 이론적으로나 현실적으로나 충분히 증명되지 않은 '기본소득'으로까지 달려갔다. 물론 그중에는 타당한 정책도 있지만 일단 눈앞의 표를 의식한 행위 또한 있지 않았을까 돌아보게 된다.

역설적이게도 민주화 이후 민주주의의 위기가 심화되었다. 우리나라는 OECD 국가 중 비정규직 비율이 2위다(2021년). 소득 불평등은 7위다(2020년). 계층 이동성은 주요 82개국 가운데 25위 정도에 머문다(2020년). 물론 그것은 민주주의의 문제가 아니다. 오히려 민주주의를 제대로 구현하지 못한 탓이 크다. 정치 민주화뿐 아니라 경제 민주화를 동시에 추구하면서 성장과 조화를 동시에 이루어야 했는데 종합적 발전 대책을 마련하지 못한 혹독한 대가다. 배고픈 곳에서는 조화를 말하기 어렵다. 한편으로 조화가 이루어져야 배고픈 곳이 사라진다.

◇◇◇

요즘에는 미역국 전문점이 많다. 가자미 미역국, 전복 미역국, 조개 미역국, 누룽지 미역국, 소고기 미역국, 들깨 미역국… 온갖 미역국이 다 있다. 간단히 물 부어 끓이기만 해도 되는 미역국을 돈 받고 팔 일인가 싶기도 하지만 일단 거기서 미역국을 먹어보면 "이래서 전문점이구나" 하면서 고개를 끄덕이게 된다.

미역국을 요리 가운데 하나로 승격시켰다. 어떤 식당에서는 무료로 제공하는 서비스 국거리이지만 다른 식당에서는 훌륭한 단독 요리로 존경받는, 미역국은 다양한 매력을 발산한다. 나는 미역국 예찬론자다.

여기서 미역국을 바라보는 상반된 관점을 살펴볼 수 있다. 요즘 미역국 전문점을 거론하면서 "우리 때는 말이야"라고 말하는 것은 정치인의 자세가 아니다. "그때는 물만 붓고 부재료 하나 없이 끓인 미역국으로도 행복했어"라는 말은 시인이나 소설가의 역할이지 정치인의 몫이 아니다. "요즘 젊은

이들은 만족할 줄 몰라"라는 식의 무례한 이야기를 해서도 안된다. 더욱 다양한 미역국이 세상에 등장할 수 있도록 돕는 것이 정치인의 역할이다. 상품을 만들어 파는 일은 기업인과 상공인의 몫이지만 상품을 만들 수 있는 '조건'을 만드는 것이 정치인의 책임이다.

정치인이 숱한 돌팔매를 맞는 시절이다. 정치가 그만큼 중요하다고 국민이 생각하기 때문에 비판도 매섭게 하시는 것 아닐까 생각한다. 그렇더라도, 정치가 아무리 밉더라도, 미운 만큼 정치는 중요하다고 간곡히 호소한다. 세상이 왜 이 모양이냐고 푸념하는 한편으로, '이 모양'의 세상을 바꾸기 위해 우리는 부단한 정치적 노력을 기울여야 하는 것이다. 정치가 바뀌어야 세상의 근본이 바뀐다.

보글보글 미역국이 끓는다. 국 끓을 때의 냄새도 좋지만 자글자글 보글보글한 소리가 군침을 돌게 만들기도 한다. 새벽녘의 고요 가운데 테이블에 앉아 토닥토닥 글을 쓰고 있는 이 시각, 주방에서 맛있는 소리가 보글보글 끓는다.

준비해놓은 자리에 앉으시지요. 차린 건 없습니다만 어머니 손맛 조리법대로 수십 년 끓여온 소박한 미역국 한 그릇이 여기 있습니다. 전문점 미역국 맛은 아니더라도 보드라운

따뜻함은 충분히 느낄 수 있을 거예요. 후루룩, 한 모금 들이
켜보세요.

세상 많은 문제는 '태도'에 달려 있다. 특정한 사회의
'태도'를 보여주는 척도는 결국 정치다. 어떤 정치를 만드느
냐 하는 것이 그 사회 구성원이 미래를 바라보는 태도를 보여
준다. 정치의 태도가 바뀌어야 세상 많은 문제도 바뀔 수 있
는 것이다. 미역국을 끓이면서 정치를 생각한다. 옛 고향 집
에서, 신림동 자취방에서, 언제나 가까이 있었던 미역국을 떠
올린다.

일곱 번째 맛
...

달걀부침을 잘 만들려면 말이지요

대박 오므라이스

"무슨 음식을 좋아하세요?" 예전에 강의를 하거나 간담회가 있을 때면 이런 질문을 많이 받았다. 그런데 요새는 이런 질문을 많이 받는다. "무슨 요리를 잘하세요?"

야만적인 시대가 있었다. 여자는 집에서 살림하고 남자는 밖에 나가 돈을 번다는 성 역할에 대한 구분이 있었던 시대 말이다. 지금 보면 참 이상한 그림인데, 초등학교 교과서에 그런 그림이 있었다. 엄마는 앞치마 두르고 설거지하고, 혹은 집안 청소하고, 아빠는 서류 가방 들고 회사에 가고, 아빠가 출근할 때 온 가족이 현관에 나와 공손히 인사하는 모습이 그려진 그림. 우리는 그런 그림을 보고 자란 세대다. 부엌은 순전히 여성의 몫이라 여기면서 심지어 교과서에 그림으로 가르쳤고, 여학생들만 배우는 '가사'라는 교과 과목까지 있었다. 가사 시간에는 뜨개질, 요리, 청소, 임신, 출산, 육아 등을 가르쳤다. 남자가 부엌에 드나들면 남자 구실 제대로 못 하는 사람이라 취급하던 시절이 있었다. 가부장적 문화의 어두운 그림자는 우리 사회에 긴 꼬리를 남기며 이어졌다.

다행히 지금은 세상이 바뀌었다. 이제는 남자도 집에서 요리를 많이 한다. 몇 년 전에는 '요섹남'이라는 신조어까지 생겨나 유행했다. 요리하는 섹시한 남자의 줄임말인데, 요리하는 남자가 멋있어 보인다는 뜻이겠다. '요섹녀'는 없는데 '요섹남'은 있는 것을 보면 '요리는 기본적으로 여자가 하는 일인데 남자가 하니까 멋있다'는 역할 구분의 뜻이 여전히 담겨 있는 것은 아닐까 하는 뾰족한 생각마저 든다. 물론 지나치게 날카로운 해석이겠지만.

반성하며 고백하자면 나도 그런 남자 가운데 한 명이었다. 1남 6녀 가운데 외아들이었으니 남자 귀한 집안에서 사랑을 독차지했고, 어른들은 '여자가 하는 일'에는 손도 대지 못하게 했다. 자라온 환경이 그랬기 때문에 어린 시절에는 그럴 수 있다고 하지만 이른바 이념의 물을 먹고 '사람은 평등하다'는 생각을 갖게 된 후로도 성 역할에 대한 고정관념은 쉬이 바꾸지 못했다. 낡은 습관을 버려야 한다는 관념은 존재했을지 모르나 새로운 관념을 생활 속에 실천하지는 못했다. 정치권에 발을 딛고 나서도 그랬다. 정치권이 원래 평일과 주말 구분이 없는 곳이라(사실 주말에 더 바쁘다) 늘 밖으로만 나돌아다녔다. 집에 돌아오면 집안일은 으레 당연하다는 듯 아내 몫으로 돌렸다. 언론 인터뷰에서는 다정한 가장인 것처럼 말했지만 아내와 아이들의 헌신적인 뒷받침이 있었기에 오늘의 내가 존재할 수 있었다는 사실에 대해서는 감사하는 마음을 충분히 전하지 못한 것 같다. 어떤 말로 고마움을 갚을까. 무엇으로 보상할 수 있을까. 아내에게, 사랑하는 가족에게, 세상에서 가장 깊은 감사의 인사를 전한다.

◇◇◇

어찌 되었거나 "무슨 요리를 잘하세요?"라는 질문에는 답변해야 할 텐데, '잘하는' 요리는 아니지만 '할 줄 아는' 요리가 하나 있기는 하다. 바로 오므라이스다. 오므라이스를 할 줄 안다고 하면 "와!" 하고 놀라는 반응을 보이는 분들이 계신다. 볶음밥은 다들 만들 줄 아실 것이다. 거기에 달걀을 얇게 펴서 둘러싸면 오므라이스다. 거기에 소스를 얹으면 되는 것이고.

물론 전문 영역으로 들어가자면 오므라이스는 요리사의 개성과 실력을 가늠할 수 있는 대표 요리이기는 하지만 상상 이상으로 어려운 요리는 아니라는 뜻이다.

오므라이스를 할 줄 알게 된 것도 정치 때문이었다. 정확히 말하자면 '장사' 때문이었다. 그 장사를 하게 된 것이 정치 때문이니 결과적으로는 정치 때문이라고 말하는 것이 옳겠다.

노무현 대통령은 선거에 여러 번 떨어졌다. 대통령 당신도 힘들었겠지만 보좌진으로서도 버거웠다. 가장 힘들었던 시기는 1996년 즈음이었다. 정치인 노무현이 1992년 부산 국회의원 선거에서 떨어지고, 1995년 부산시장 선거에서 떨어지고, 1996년 서울 종로 국회의원 선거에서 떨어진 다음이었다. 지금은 15퍼센트 이상 득표하면 선거에 들어간 비용의 상당 부분을 국고에서 보조해주는 제도가 있지만 과거에는 그런 제도가 없었다. 선거 공영제가 어느 정도 자리 잡은 지금도 선거에 한두 번 낙선하면 재산 타격을 심각하게 입는데, 과거에는 가산을 탕진하는 것은 물론이고 일가친척에 친구들까지 모두 망하게 할 정도였다. 그런 선거를, 게다가 부산 동구, 부산시장, 서울 종로 같은 초대형 선거를 연거푸 세 번이나 떨어졌으니 당시 노무현의 지갑 사정이 어떠했겠나. 그를 모셨던 보좌진의 형편은 또 어떠했겠나. 혼자 어려운 것은 견딜 수 있지만 자기 때문에 다른 사람이 힘든 것은 참기 힘들어하는 사람이 있다. 노무현이 그런 사람이었다.

종로에서 마지막으로 떨어졌을 때 노무현은 정치를 그만두려고 했다. 어느 날 이런 말씀을 하시더라. "힘들어서 못하겠다." 노무현과 오랫동안 함께했지만 처음 듣는 말이었다. 주위 사람들이 힘들어하는 모습을 지켜보기 힘들었을 것이다. 그즈음에는 노 대통령 자신도 좀 지쳤던 것 같다. 저러다 정말 정치를 그만두는 것은 아닐까, 걱정하는 마음이 들었다. 어떻게 하면 노무현이 정치를 계속하게 만들 수 있을까. 일단 돈이 필요했다. 그리고 그보다는, 보좌진으로서 용기를 잃지 않고 살아가는 모습을 그에게 보여드리고 싶었다. 그래서 시작한 것이 식당이다. 내 생애, 팔자에도 없는 식당을 열게 된 이유다.

정치를 하려면 돈이 많이 든다. 그중 상당 부분은 밥값이다. 사람을 만나면 밥을 사야 하고, 사무실 근무자들 밥값도 들어가고, 선거가 시작하면 선거 운동원들에게도 밥을 먹여야 한다. 그래서 밥값이라도 좀 줄여보겠다는 소박한 생각에 열게 된 것이 식당이었다. 보좌하는 사람으로서는 나름의 노무현 옥새 작전이기도 했다. 정치권을 떠나지 못하게 하겠다는. 종로구 청진동에 음식점을 열었다. 점포는 80평 정도 되었으려나. 상호는 '소꿉동무'라고 지었다. 밥값 문제 정도는 해결할 수 있으리라 믿었다. 개인적으로는 최초의 자영업 도전이기도 했다. 낮에는 밥을 팔고 저녁에는 술을 팔았다. 그때 깨달았던 것이 있다. 낮에 장사해 이익이 남아야 식당이 살아남는다는 사실이다. 물론 밤 장사로도 이익은 남는다. 그런데 낮에 밥을 팔아 번 돈으로 가게 임대료와 직원 인건비 정도는 건질 수 있어야 밤에 술을 팔아 번 돈이 고스란히 이익이 되었다. 이윤을 극대화하려면 밤 장사를 열심히 잘하는 것도 좋지만 낮에 밥을 많이 팔아야 한다는 교훈을 깨달았다. 낮 장사에 진심을 쏟게 되었다.

낮에 주로 오므라이스를 팔았다. 많고 많은 메뉴 가운데 왜 오므라이스였을까. 식당 창업을 앞두고 나름대로 시장 조사를 했다. 종로 일대는 사무실이 많다. 점심 식사를 회사 직원들끼리 삼삼오오 모여서 하는 경우가 많은데, 메뉴를 누가 정하는지 눈여겨 살펴보았다. 사장님이나 부장님, 과장님이 정할 것 같지만 그렇지 않았다. 점심 메뉴는 보통 사무실

여직원들이 정했다. 그래, 오므라이스다! 여성들이 일반적으로 좋아하는 메뉴를 점심 대표 메뉴로 밀자고 결심했다.

다른 이유도 있었다. '소꿉동무'는 종로구 청진동 해장국 골목 안에 있었다. 주위를 둘러보면 내장탕, 순대국밥, 콩나물국밥 등의 해장국을 파는 식당이 많은데, 수십 년 동안 그 동네에서 그 메뉴를 팔아온 식당을 이길 재간은 없었다. 근처에서 쉽게 찾아볼 수 없는 독보적인 메뉴를 밀고 나가자. 그래서 고른 메뉴가 오므라이스였다. 당시 오므라이스 메뉴는 대학가에는 많았지만 직장가 식당에는 거의 없다시피 했다. 특히 종로 쪽에는 없었다.

일단 메뉴 선택은 좋았다. 장사가 어느 정도 되는 점포를 인수했던 것도 썩 좋은 판단이었다. 권리금을 좀 더 주더라도 위치가 좋은 곳에 점포 위치를 정해야 식당이 자리 잡는 과정에서 위험을 줄일 수 있겠다고 판단했다. 처음 해보는 장사였지만 많은 것을 배웠고 매출도 적잖이 올렸다. 우리 사무실 사람들이 와서 밥을 먹으니 일단 지출을 줄일 수 있었고, 우리만의 '아지트'가 생기는 격이니 지인들을 불러 밤늦게까지 술도 많이 마셨다(식당에는 수입이 되었다). 주변 사무실에 소문이 퍼져 기본적인 임대료와 인건비 정도는 낮 장사에서 건질 수 있었다. 하지만 중대한 문제 하나를 예상하지 못했다.

◇◇◇

주방이 문제였다. '식당의 심장'인 주방에 문제가 있었다. 낮에는 오므라이스와 돈가스가 잘나갔고, 저녁에는 소면이 들어간 낙지볶음이 잘 팔렸다. 어떤 메뉴든 당시로서는 일반인이 조리하기 어려운 요리로 여겼다. 전문적인 주방장을 모셔다가 음식을 만들었는데, 그 주방장을 관리하는 일이 여간 어려운 일이 아니었다. 주방장에게 모든 것을 의탁하는 격이니 조금 장사가 된다 싶으면 주방장이 고압적인 자세로 바뀌었다. 차츰 요구 조건이 늘었다. 급여를 올려달라는 것은 그렇다 치고, 채소나 식재료, 주방용품 사입하는 권한까지 자신에게 달라는 것 아닌가. 속셈이 뻔했다. 거절했더니 홀에 손님이 넘쳐나는데 느리게 음식을 만드는 것 아닌가. 태업이었다. 복장 터질 일이었다. 그래서 뭐라고 한마디 했더니 이번에는 아무런 통보도 없이 며칠 나오지 않는 벼락 같은 일이 벌어졌다. 어떻게 할까…. 그런 일이 수차례 반복되었다. 그래서 배웠던 것이 오므라이스와 낙지볶음 만드는 법이었다.

주방장 옆에서 힐끔힐끔 훔쳐보니 오므라이스가 생각보다 만들기 어려운 요리는 아니었다. 당근, 양파, 스팸 등을 잘게 썰어 먼저 볶는다. 나중에 밥을 넣어 함께 볶는다. 달걀을 풀어 얇게 펴서 부친 것을 볶음밥 위에 올린다. 소스를 얹는다. 아, 이거 쉽네, 엄청 쉬운 요리네, 라고 환호했지만 그렇지 않았다. 달걀을 얇으면서도 흩어지지 않게 부치는 일이 어려웠고, 그것을 볶음밥에 감싸는 과정 또한 여간 어려운 일이 아니었다. 어느 정도 달걀이 익어야 하는지 감각적으로 잘 파악하는 것이 중요했다. 손기술도 중요했다. 숱한 시행착오로 얻을 수 있는 감각과 경험, 기술이었다.

오므라이스 소스는 지금은 시중에 완성품이 많지만 당시에는 직접 만들어야 했다. 돈가스 소스에 케첩과 올리고당을 넣고 물을 섞어 끓이면서 휘휘 저어주면 되었는데, 주방장이 만든 소스와 내가 만든 결과물에는 알 수 없는 차이가 있었다. 주방장이 무엇을 더 넣는 것도 아닌 것 같은데 그랬다. 그것을 알아내려고 어쩌나 염탐했던지. 주방장은 또 어쩌나 으스대던지.

전문 요리사가 아닌 사람이 식당을 창업하는 경우 이런 일은 흔히 일어난다. 주방장을 잘 관리하는 것이 성공하는 식당을 만드는 핵심 비결이라는 사실을 식당을 창업하고 나서야 깨달았다. 주방장에게 지나치게 휘둘리지 않으려면 식당 주인이 주요 조리법 정도는 파악하고 있어야 하고, 요리도 어느 정도 할 줄 알아야 한다는 사실 또한 경험으로 체득했다. 그것을 꼭 경험해보아야 아는 일인지 싶지만….

나중에 내가 국회의원이 되었을 때 일이다. 외식업 관련 협회에 계시는 분들이 의원실에 찾아와 말씀을 나누던 차에 물었다. "식당 자영업자들의 가장 큰 애로사항은 무엇입니까?" 경기가 좋지 않다, 물가가 높다, 인건비가 올라 걱정이다, 세금과 공과금 때문에 허리가 휜다…. 다양한 애로사항과 함께 이런 목소리가 들렸다. "주방에서 일할 사람을 찾고 검증하는 데 어려움을 겪습니다." 빙그레 웃었다. 나도 이미 겪어본 일이라 극히 공감되는 대목이었다. 택시 운전기사를 뽑듯 식당 주방장이나 조리사도 경력이 검증되었으면 좋으련만 제도적 시스템이 부족하다는 요구가 많았다. 외식업 종사자들을 위한 체계적인 교육 훈련 프로그램이 필요하다는 요구 또한 충분히 공감했다. 하나씩 풀어나가려 애를 쓰고 있지만 아직도 해결할 부분이 많다.

조그만 식당이라도 일으켜 세워보려고 아등바등 애쓰

고 남에게 월급이라도 주어본 사람이 그런 일에 종사하는 사람의 땀과 눈물의 흔적을 알 수 있는 법이다. '소꿉동무'는 2년간 영업하다 처분했다. 1998년 7월 열린 종로구 재보궐 선거에 노무현이 당선되었기 때문이다. 식당을 계속 운영할 수도 있었지만 그랬다면 "종로구 국회의원 보좌관이 종로구에서 식당을 운영한다"라면서 의혹을 제기하는 세력이 있었을 것이다. 불필요한 오해를 피하기 위해서라도 장사를 접을 수밖에 없었고, 또 일이 너무 바빠져 식당에 신경 쓸 겨를이 없었다.

1996년 종로 선거에서 노무현이 떨어졌을 때, 상대 정당 후보가 이명박이었다. 그는 노무현을 이기고 당선되었지만 선거법 위반 혐의로 기소되었고, 당선 무효 판결이 내려지기 직전에 의원직을 사퇴해버렸다. 그의 선거법 위반 사실은 전직 비서관이 돈 선거 실상을 폭로하면서 세상에 알려졌다. 자신의 목적을 위해서는 수단과 방법을 가리지 않는 정치인이라는 사실은 그때 이미 확인되었던 바인데… 노무현과 이명박의 악연은 계속되었다.

종로에 당선되고 그다음 국회의원 선거에서 노무현은 지역구를 부산으로 옮겼다. 당선이 보장되는 종로구를 포기하고 연거푸 자신을 떨어뜨린 부산으로 다시 달려간 것이다.

일곱 번째 맛

참 못 말리는 노무현이었다. 그리고 또 떨어졌다. 부산에서 떨어지고 2년 후 선거에서 노무현은 대통령이 되었다. 역시 노무현다웠다.

◇◇◇

노무현이 대통령이 된 것은 한국 정치사에 어떤 의미일까. 여러 의미가 있겠지만 그중 하나는 '저런 사람도 대통령이 될 수 있다'는 사실을 보여준 점에 있다고 생각한다. 저런 사람도 대통령이 될 수 있다는 말을 두고 일부 보수 세력은 이 말을 비아냥거리는 어투로 사용했지만 국민이 노무현을 선택한 이유는 '우리와 똑같아 보이는' 평범한 서민도 대통령이 될 수 있다는 희망의 상징으로 보였기 때문이다. 세월이 흐르면 시간의 흔적으로 성격이 분명해지는 일들이 있다. 노무현 대통령이 그렇다. 노무현의 당선, 대통령 노무현과 대한민국이 함께했던 5년의 세월은 역사에 어떤 의미로 남을까. 세월이 갈수록 그 의미가 선명하게 보이는 것 같다.

무엇보다 서민의 시대였고 보통 사람의 시대였다. 노무현에 앞서 '보통 사람의 시대'를 캐치프레이즈로 내세운 대통령도 있었지만 그 경우에는 군사 쿠데타로 권력을 찬탈했던 사람이 자신의 신분을 속이기 위해 내세운 꼼수였고, 노무현의 시대에 와서야 국민은 정말 서민 대통령이 탄생했다고, 우리들의 시대가 왔다고 기뻐하지 않았던가.

돌이켜보면 노무현이 대통령에 당선된 2002년 연말 무렵은 국운이 최고조로 상승하던 때였다. 김대중 대통령이 IMF 외환 위기의 어려움을 진두지휘하며 극복했고 2002년 월드컵에 우리나라 대표팀이 4강 신화를 만드는 기적까지 일어났다. 오죽했으면 당시 축구협회장에 불과하던 정몽준 씨의 인기가 갑자기 올라가 노무현과 후보 단일화 협상까지 벌였겠는가.

사회에 있어 문화와 에너지는 중요하다. 무엇이든 하면 된다는 도전 의지가 불타는 때가 있고, 무엇을 해도 안 되는 것 같다는 불신과 패배, 좌절감이 팽배하는 때가 있다. 전반적으로 국운이 상승하면서 통합의 기운이 들끓는 때가 있고, 서로 경원시하고 적대하면서 분열과 갈등의 용광로가 폭발 직전 상태로 부글거리는 때가 있다. 그러한 사회적 문화와 에너지의 상당 부분은 정치가 좌우한다. 정치적 통합적이면 사회가 통합적이고, 정치가 분열적이고 독단적이면 사회도 갈라진다. 강력한 대통령 중심제 국가인 우리나라에서는 대통령에 누가 당선되느냐에 따라 문화와 에너지가 달라지기도 한다. 대통령이 통합적이면 사회가 통합적이고, 대통령이 자꾸 분열과 갈등을 추구하면 사회 또한 그렇게 흘러가는 경향을 보인다. 통합을 요구하는 세상 분위기의 결과로 통합적 이미지의 대통령이 탄생하기도 하고, 대통령이 누구냐에 따라 사회의 기저에 잠재해 있던 특정한 에너지가 뚜렷한 형상을 갖고 분출하기도 한다.

20년 전 국민이 노무현에게 바랐던 시대정신은 무엇이었을까. 역시 그것은 '서민 대통령'에 대한 갈망 아니었을까. YS와 DJ의 시대를 넘어, 국민이 주인 되는 새 시대를 열어달라는 간절한 주문이었다.

❖❖❖

노무현 대통령은 그가 대통령에 당선되었다는 사실 자체가 역사에 한 편의 드라마였다. 노무현이 당선되기 몇 개월 전만 해도, 그가 대통령이 될 것이라 확신하는 사람은 많지 않았다. 국회의원과 부산시장 선거에 연거푸 떨어지고 대선 후

20년 전 국민이 노무현에게 바랐던

시대정신은 무엇이었을까.

역시 그것은 '서민 대통령'에 대한

갈망 아니었을까.

YS와 DJ의 시대를 넘어,

국민이 주인 되는 새 시대를

열어달라는 간절한 주문이었다

보 여론 조사에서 하위권을 달리던 노무현이란 정치인이 얼마 뒤 대통령이 될 것으로 예측하는 사람은 그다지 없었다. 그러니 노무현이 아무런 준비 없이 덜컥 대통령이 된 것처럼 오해하는 분도 계시던데, 숱한 시련의 시간을 잘 모르고 하시는 말씀이다. 우리에게는 20년 가까운 기간이 있었다. 대통령이 되기 위한 준비를 차곡차곡 쌓아왔다.

"노무현 재임 기간 업적을 평가해달라."

나는 노무현 대통령을 20년 이상 보필한 자타공인 최측근이고, 대선 캠프에서는 홍보와 캠페인을 총괄하는 기획실장 역할을 맡았다. 노무현 대통령의 당선도 역사적 화제였지만 당시 마흔도 되지 않은 내가 청와대 국정상황실장을 맡았던 것 또한 화제였다. 노 대통령 재임기에 나는 처음 국회의원이 되었고, 노무현의 부침과 함께 내 정치적 운명도 흔들렸다. 그러니 나에게 노무현 대통령 재임기를 평가해달라고 묻는 것은 전혀 어색한 질문만은 아니다. 말하자면 '자평'을 해달라는 주문이겠다.

세상 무엇을 평가하든 마찬가지 아닐까. 잘했던 점도 있고, 못했던 점도 있다. 뿌듯하게 여기는 점도 있고, 안타깝게 여기는 일도 있다. 미처 다하지 못한 일에 아쉽고 섭섭하고 국민에게 송구하게 여기는 부분 또한 있다. 그런 것은 책 한 권에 담기에도 부족할 것이다.

그중 아쉽게 생각하는 지점 가운데 하나가 연정이다. 노무현 대통령은 연정을 추구했다. 당시 노무현 대통령의 대연정 제안은 놀라웠다. 현행 소선거구제를 중대선거구제로 바꾸는 것을 야당인 한나라당이 동의해준다면 국무총리를 포함한 장관 임명권을 한나라당에 넘기겠다는 파격적인 제안을 했다. 그리하여 연립 정부를 구성하겠다고 선언했다. 그만큼 우리나라 정치 구조와 선거 제도를 개혁하겠다는 노무현의 마음은 진심이었다. 경쟁 상대에게 많은 것을 내어주더라도 지역주의 정치를 끝내고, 한국 정치를 근본적으로 바꾸겠다는 의욕에 가득했다. 노무현만이 던질 수 있는 승부수였다.

2005년 노무현 대통령이 처음 연립 정부 구상을 밝혔을 때 솔직히 나는 의구심을 가졌다. '이분이 마음이 좀 약해지신 것은 아닌가?' 노무현의 구상을 잘 이해하지 못했다. 그래서 "과연 될까요?"라고 부정적인 견해를 말씀드리기도 했는데, 이제 와 돌아보면 노무현은 역시 시대를 한참 앞서간 정치인이었다.

노무현 정부 시기는 보수 진영의 조롱과 비난으로 점철

된 5년이었다. 집권 초기에는 그를 아예 대통령으로 인정하지 않으려는 분위기마저 팽배했다. 오죽했으면 대통령이 일선 검사들과 직접 대화해보겠다며 토론회를 자청해 TV 생중계까지 하면서 설득에 나섰겠는가. 그들의 미소에는 '저런 사람이 대통령을 해?'라는 비아냥이 가득했다. 국민이 선출한 대통령이라고 인정하지 않으려 했다. 그럼에도 대통령은 인내하고 침착했다. 모든 문제를 토론과 타협으로 풀려고 했다.

2004년에 일어난 노무현 탄핵 소동은 대통령을 무시하는 태도가 절정에 이른 가운데 벌어진 사건이었다. 급기야 과거 한솥밥을 먹었던 정당의 의원들까지 합세해 헌정사상 처음으로 국회에서 대통령 탄핵 소추안을 통과시켰다. 대통령을 대통령으로 인정하지 않겠다는 태도를 노골적으로 드러내 보인 것이다. 그럼에도 노무현은 그때까지 그래왔던 것처럼 꿋꿋이 버텼고 오뚝이처럼 일어섰다. 성난 민심이 들불처럼 일어났고, 헌재가 정치 쿠데타에 기각 결정을 내렸다.

되돌아 굴곡을 따져보자면 2005년은 노무현의 정치적 행운이 정점에 달한 시기였다. 탄핵을 주도했던 세력이 민심의 역풍을 맞아 총선에서 열린우리당이 과반 의석을 차지했다. 한나라당은 텃밭인 서울 강남 3구와 영남 지역에서만 승리해 영남 지역당 수준으로 전락했다. 김종필, 최병렬, 조순형 등 거물급 정치인들이 줄줄이 참패해 정계 은퇴를 선언하기도 했다. 이제야 본격적으로 노무현의 시대가 열리는 듯했다. 대통령 마음대로 할 수 있는 기회의 문이 활짝 열린 것이다. 그런 시기에 노 대통령은 대연정이라는, 당시로서는 아무도 생각지 못한 카드를 꺼냈다. 가장 잘나갈 때 가장 조심해야 한다, 그리고 가장 잘나갈 때 독주가 아니라 통합을 선택해야 한다, 일종의 역발상이었다. 아니, 그것이 정치의 정도였다. 말은 쉽지만 막상 힘이 생겼을 때는 그런 결심을 하기 쉽지 않은데 노무현은 역시 노무현이었다.

"나는 성공한 대통령이 되고 싶습니다. 그런데 야당에서 도와주지 않으면 한 발짝도 앞으로 나아갈 수가 없어요. 그러니 우리의 권력을 내어주더라도 그들과 함께 갑시다. 그래야 진정 국민을 위한 나라가 만들어집니다."

참모들은 어떠했을까. 대부분 반대했다. 이제야 본격적으로 노무현의 뜻을 펼쳐 보일 수 있는 절호의 시기가 온 것 같은데 왜 모든 것을 다 이룬 것 같은 이 시점에 타협한단 말인가. "정치적 후퇴"라고 말하는 사람마저 있었다. 우리가 그런 제안을 한다고 야당이 받아들이지 않을 것이라는 현실론 또한 비등했다. 나로서도 좀 이해가 되지 않은 측면이 많았다. 고백하자면 노무현이 지나치게 나이브하다고 생각했다.

하지만 우리를 설득하려는 노무현의 방식 또한 노무현다웠다. 참모들끼리 토론을 하자는 것이다. 독일 사회학자 울리히 벡이 쓴 《적이 사라진 민주주의》라는 책을 텍스트로 삼아 토론하자고 참모들에게 제안했다. 그러면서 남긴 말이 있다. "야당이 우리의 적은 아니지 않은가. 권력을 나누어주어서라도 그들과 협의해 함께하고 싶다." 대통령이 그렇게 나오니 따르는 수밖에. 지금 돌이켜보니 노무현이 역시 옳았다.

대연정 제안은 국민에게도 그리 좋은 반응을 얻지는 못했다. 당시 여론 조사에서 대연정에 찬성하는 의견은 30퍼센트, 반대하는 여론은 60퍼센트에 달했다. 예견했던 일이다. 그동안 우리 정치 문법과 어울리지 않는 일이니 반대 여론이 높은 것은 당연하다. 무엇이든 처음 접하는 일은 국민이 낯설게 생각하는 법이다. 찬성 의견이 30퍼센트나 있었던 것이 오히려 신기할 정도다. 노무현이 하는 일이라면 진심을 믿고 응원했던 소중한 지지층 아니었을까.

어찌 되었든 대연정 제안은 실패했다. 현실에서 그것을 실현해내기에 역부족이었다. 이런저런 시행착오 또한 많았다.

승자 독식의 대통령 중심제에만 익숙해 있는 보수 정당으로서는, 야당이 된 시점에는 어떻게든 현 정부를 깎아내려 다음 선거에서 완전히 끌어내림으로써 다음 정권을 자신들이 독차지하려는 것에만 관심을 둔다. 정치 개혁 같은 것에는 별로 관심이 없다. 그런 사실을 지나치게 간과한 판단이었다. '지더라도 2등은 하고, 이기면 모든 것을 다 갖는' 정치 제도는 이래서 나쁜 것이다.

현실의 높은 벽을 체감한 노무현 정부 5년이었다. '다시 정권을 잡는다면 이렇게 하겠다'는 것을 배운 5년이기도 했고, '앞으로는 이렇게 해서는 안 되겠다'는 것을 뼈저리게 배운 5년이기도 했다. 우리는 노무현의 대연정 제안을 지나치게 가볍게 대했던 측면이 있다.

◇◇◇

우리 정치의 문제점과 개선 방향을 이야기하자면 한도 끝도 없을 테지만 근본적인 개혁을 위해서는 역시 권력 구조를 개편해야 한다. 제왕적 대통령 제도를 바꾸고 여야가 협치하는 방향으로 의회의 구조와 문화도 바꾸어야 한다.

제왕적 대통령 제도를 바꾼다는 것은 대통령 집무실만 다른 곳으로 옮긴다고 해서 해결되는 문제가 아니다. 집무실은 옮겼는데 대통령의 제왕적 권력은 그대로 있다면, 대통령의 독단적 행태는 과거보다 더욱 심해졌다면, 아무런 의미도 없고 오히려 국민을 기만하는 행위다. '쇼'를 할 것이 아니라 구조를 바꾸어야 한다.

대통령에게 집중된 권한을 분산하고 책임 총리제를 실시해야 한다. 대통령은 외교·안보·국방 등에 집중하고 총리가 내치를 책임져야 한다. 대통령은 국민이 선출하고, 총리는 의회에서 선출해 견제와 균형을 이루는 방법이 있을 것이다. 이렇게 되면 대통령과 총리가 서로 엇박자를 내면서 국정 운영에 난맥상이 생길 것이라 우려하는 견해도 있지만 외교 안보와 내치가 크게 엇나갈 가능성은 없다. 대통령이 직접 임명하는 자리를 대폭 줄이고, 국회 동의 없이는 임명할 수 없도록 함으로써 대통령 권력을 차지하기 위한 피비린내 나는 정치 내전은 중단해야 한다. 언제까지 한쪽이 집권하면 다른 한쪽을 적폐로 낙인찍으면서 전임 정부를 탈탈 털어대는 복수극 정치를 계속할 셈인가. 언제까지 검찰 같은 권력 기관을 개혁하지 못하고, 그들을 수족으로 삼아 칼날을 휘두르면서, 그들이 승승장구하도록 내버려둘 것인가. 노무현이 대연정을 제안했던 배경 가운데 하나는 권력 기관을 독점하지 않으려는 의도에서였다. 권력을 분점하거나 공유하면 권력 기관도 특정 세력이 독점할 수 없게 된다. 검찰을 이용해 정적을 제거하는 것은 노무현이 제일 싫어하는 행태였다. 노무현은 그런 일을 벌이지 않았다. 대통령 개인의 의지에 따라 이룰 수 있는 일이기도 하지만 대통령 권력이 검찰을 독점할 수 없도록 아예 구조를 바꾸려는 노력을 게을리하지 말아야 한다.

이런 개혁은 대부분 개헌 사항에 속한다.

차제에 말하자면 이젠 헌법을 바꿀 때도 되었다. 현행 헌법은 1987년에 만들어졌다. 40년 가까운 세월이 흘렀고, 그동안 대통령이 여덟 명이나 바뀌었지만 여전히 정부는 6공화국에 머물러 있다. 물론 헌법이 좋으면 몇십 년이든 현행 헌법을 유지할 수도 있는 일이다. 하지만 현행 헌법은 1987년의 시대적 열망 가운데 직선제 개헌에만 집중하느라 내용과 체계에 매끄럽지 못한 지점이 많은 것도 사실이다. 그동안 시대가 바뀌고 우리 사회의 많은 것이 획기적으로 변했다. 그럼에도 헌법은 40년 전의 것을 고집하고 있으니 안타까운 일이다. 개헌의 적기를 여러 번 놓쳤다.

2005년에 대연정을 제안할 때, 노무현 대통령은 야당에 총리 자리를 내줄 뿐만 아니라 자신의 임기까지 단축할 수 있다고 선언했다. 우리나라는 대통령과 국회의원의 임기가 서로 달라 선거가 속된 말로 복불복이 된다. 대통령 선거 직후에 있는 총선은 정권 밀어주기 차원에서 여당에 유리한 선거가 되고, 정권 후반기에 있는 총선은 정권 심판 선거가 되어 야당에 유리한 식이다. 착실하게 오랫동안 지역구를 관리하면서 의정 활동을 준비한 정치인은 탈락하고 그때그때 시류에 편승한 정치인은 당선되는 지극히 공정하지 못한 선거가 되고 있다. 이러니 유능한 정치인이 자라날 수 없는 것이다. 기회주의자들만 득세하게 된다. 총선과 대선의 주기를 일치하게 할 필요가 있다. 그래야 입법부와 행정부 각각에 힘이 실리고 선거에 이기려 수단과 방법을 가리지 않는 정치적 내전의 쳇바퀴도 멈출 수 있다.

노 대통령은 자신의 임기를 줄여서라도 그것을 실현하려고 했다. 정치 개혁에 있어서만큼은 노무현은 의심할 여지 없이 진심이었다. 자신이 인생을 통해 낡은 시스템의 문제점을 여실히 깨달으며 한 발 한 발 앞으로 나아왔기 때문이다. '내가 고생했으니 너희도 한번 고생해봐라'라고 마음을 품는 사람이 있고, '내가 고생했으니 너희는 그런 시행착오를 겪지 마라'라고 생각하는 사람이 있다. 그 굴레를 바꾸려는 사람이 있다.

◇◇◇

종로 '소꿉동무'에서 오므라이스를 팔던 시절, 나는 마음속으로 주방장 탓을 많이 했다. 주방장이 요리를 못하니까 손님의 반응이 좋지 않다고 생각했고, 주방장이 태만하니 매장 운영이 매끄럽지 않은 것이라고 불평하는 마음을 가졌다. 하지만 돌이켜보면 주방장 개인의 역량에 지나치게 의존했던 나 자신이 가장 문제이지 않았을까.

지금껏 우리나라 정치가 바로 그러한 '주방장 정치'다. 대통령이라는 개인의 역량에 지나치게 의존하는 정치로 굴러왔다. 특정 정치인 개인이 아니라 시스템이 이끌고 가는 정치가 되어야 한다. 인치人治가 아니라 정치政治가 되어야 한다. 우리는 시스템 정치를 구축하기 위해 진지하게 노력해왔던가. 노무현의 선견지명을 돌아보아야 한다.

통합은 비단 마음에서 나오는 것이 아니다. 통합을 지

향하는 시스템에서 나온다. 지금 우리나라 정치 시스템은 극단적으로 분열적이고 자기 파괴적이다. 낡은 시스템으로는 미래를 준비할 수 없다.

오므라이스를 감싸는 달걀부침을 흩어지지 않게 하려면 자꾸 연습하고 경험해서 숙련되는 수밖에 없었다. 수많은 시행착오를 거친 끝에 멋진 오므라이스가 탄생했다. 지금껏 우리도 경험할 만큼 하지 않았나. 정치도 성숙하기를.

여덟 번째 맛
...
**늦었으니 같이
밥 먹자**
포장마차 대합탕

'노무현 팔이'라는 말이 있다. 경박하고 상스러운 표현이라 그런 용어를 사용하는 것 자체를 꺼리게 되지만 노무현 대통령과의 생전 친분이나 인연을 앞세워 자신의 정치적 생명을 이어가려는 사람 또는 경향을 그렇게 부른다.

　나는 노무현 대통령과 인연이 가장 깊은 사람 가운데 하나다. 자신 있게 그렇게 말할 수 있다. 노 대통령이 초선 국회의원으로 정계에 발을 디딘 순간부터 함께했고, 그와 함께 몇 번의 낙선을 경험했으며, 몇 번의 당선에 환호했고, 어렵고 힘든 날들을 함께 견디며 살아왔다. 그가 마침내 대통령이 되었던 날 새벽, 기뻐한 사람이 한둘이 아니었겠지만 나만큼 뿌듯하고 행복했던 사람이 또 있었을까. 꺼이꺼이 울며 감격했다. 그런 내가 노무현을 이야기한다고 '짧은 인연을 갖고 지겹도록 우려 먹는다'며 비난할 사람은 없을 것이다. '자신만의 색깔 없이 노무현의 후광에 기대서 산다'는 말을 듣지 않기 위해 오히려 몇 곱절 몸부림치며 노력했다. 노무현을 팔아 세상을 살고 싶은 생각은 없다. 나는 이광재이니까. 노 대통령도 하늘에서 그것을 기대하고 있지 않을까. "광재야. 너는 이광재로 살아. 노무현 없이 잘 살아봐." 생전 목소리와 말투가 떠올라 코끝이 시큰해진다.

◇◇◇

헤아려보니 노무현과 함께했던 세월보다 노무현에게서 독립한 세월이 더 오래되었기는 하다. 비유하자면 훌륭한 요리사 밑에서 도제식으로 요리를 배워 혼자 스스로 식당을 차린 요리사와 비슷하다고나 할까. 노무현과 정치적 첫 만남은 1988년이었고, 내가 국회의원이 되겠다고 대통령에게 큰절하고 떠났던 때가 2004년이다.

'요리사' 노무현과 함께한 시간이 16년, 자수성가하겠다고 그의 주방을 떠난 지도 벌써 20년이다. 그동안 국회의원을 세 번 하면서 영광의 시간도 있었고, 강원도지사를 지내기도 했고, 고초를 겪으며 영어의 몸이 되기도 했고, 다시 우뚝 서서 재기해 오늘의 길을 걷고 있다.

　노무현이 가르쳐준 오뚝이 정신이 아니었으면 지금의 나도 없었을 것이다. 그런 측면에서 나는 아직 노무현과 함께하고 있다고 말할 수도 있을 것이다. 고백하자면 때로 마뜩잖은 순간이 있었던 것도 사실이지만 내 인생에서 노무현이라는 세 글자는 결코 지울 수 없음을 운명으로 여긴다.

　많은 이들이 노무현 대통령과의 추억을 다양하게 말한다. 그중에는 음식과 관련한 추억도 많다. 어떤 사람은 노 대통령과 두부김치에 막걸리 사발 기울이면서 이야기를 나누었다고 회고하고, 대통령과 마주 앉아 호박이 들어간 된장찌개를 맛있게 먹었다고 회억하는 분도 계신다. 나인들 노무현과 관련된 음식 추억이 없겠는가. 앞서 표현한 대로 밥상에 마주앉은 경험만 족히 수천 번은 된다.

　노 대통령이 초선 의원이던 시절, 지역구에 함께 내려갔다가 저녁 시간이 되었다. 늘 빽빽하던 일정에 갑자기 공백이 생겼다. "밥이나 먹을까?" 하면서 대통령이 앞장서 데려간 곳은 언양불고기 집이었다. 나는 그때 언양불고기라는 음식을 처음 먹어보았다. 지금은 언양불고기라는 간판을 단 식당이 전국에 여럿 있지만 당시에는 울산, 부산 지역에 가야만 먹을 수 있는 음식이었다. 언양은 경북 울주군에 있는 읍 이름이다. 경부고속도로를 만들 때 그 일대에 근로자 숙소가 만들어졌는데, 노동판 인부들이 먹기 시작하면서 언양불고기가 유래했다고 한다.

석쇠에 다닥다닥 붙은 고기가 나왔다. 연탄불 향이 가득했다. 처음 보는 비주얼이었다. 어떻게 먹을지 몰라 당황했던 기억이 있다. 노 대통령이 고기를 한 점 떼어 마늘을 얹고 잎을 넣으며 '이렇게 먹는 거야'라는 눈빛으로 빙긋 웃었다. 소주도 각자 한 잔씩 테이블 위에 있었을 것이 분명하다.

그런데 나는 육식을 즐기지 않는 편이라 언양불고기가 아주 맛있다는 생각은 들지 않았다. 언양불고기 집을 운영하는 분들에게는 죄송한 말씀이지만 맛에 대한 평가는 주관적이니까, 솔직해야 하니까. 대신 그 집 김치찌개가 기막히게 맛있어 자꾸 찌개에만 숟가락이 갔던 기억이 또렷하다. 40년 가까운 세월이 흘렀지만 그 식당은 지금도 영업 중이다. 부산에 가면 종종 그 집에 들른다. 식구들은 불고기를 먹고 나는 김치찌개의 얼큰함을 즐긴다. 혹여나 김치찌개가 메뉴에서 사라지지는 않을까 걱정했는데, 다행이다.

노 대통령이 종로에서 낙선했을 때 일이다. 내가 '소꿉동무'라는 식당 주인장 역할을 하고 지역 사무실을 챙기면서, 사실 좀 어렵고 막막한 시기를 보내던 때였다. 평일에는 바쁘니 일요일 아침마다 노 대통령의 명륜동 댁에 갔다. 둘이서 회의하고 내용을 정리하면 점심시간이 되었다. 그때는 우리 아이들이 막 태어났을 무렵이었다. 아이들이 한창 귀여울 때라 하루 종일 보고 싶어 마음이 들썩였다. 얼른 일 마치고 집에 돌아가고 싶은데 노 대통령은 매번 "점심 먹고 가라" 하면서 옷소매를 붙들었다(어쩌나 얄밉던지).

검소한 분이라 집에서 식사도 단출했다. 설렁탕 한 그릇에 김치 하나, 다른 반찬이 한두 종지. 그 이상 반찬이 늘어나는 것을 탐탁지 않게 여겼다. 그런 측면에서 굉장히 엄격한 분이었다. 사모님이 끓여주신 설렁탕 국물이 구수하고 맛있었지만 나는 얼른 숟가락 내려놓고 집으로 달려가고 싶은 생각뿐이었다.

청와대에 들어가서 초기에는 밥 때문에 고생을 좀 했다. 도리뱅뱅이 편에서 소개했듯 청와대 식사가 맛이 없다. 청와대 직원들의 건강을 생각해서인지, 아무리 간을 세게 해달라고 부탁해도 주방에서는 모든 반찬을 밍밍하게 만들어 내놓았다. 대통령의 식탁은 더욱 그랬다.

만찬이 끝나면 대통령이 나를 부르곤 하셨다.

"이 실장, 오늘은 평창동 어때?"

퇴근 무렵에 동료가 "오늘 한잔 어때?" 하면서 능청스런 표정을 짓는 일반 직장의 풍경과 크게 다를 바 없었다. 평창동이라는 말에 내 마음에도 회심의 미소가 번졌다. 평창동 주택가 언저리에 포장마차가 하나 있었다. 그 집 대합탕이 아주 맛있었다. 보글보글 끓는 대합탕에 소주 한잔 마시는 것으로 하루의 피로를 풀었다. 비 오는 날이면 빗물 떨어지는 소리가 또르륵 또르륵 들리는 것이 너무나 정감 넘치는 포장마차였다.

빗소리 들으며 대합탕에 소주 한잔은 그야말로 환상의 조합이다. 노 대통령이 당선자 시절에 비서진 몇십 명을 데리고 가셨던 적이 있다. 몇 번 낙선하면서 보좌관 한두 명 데리고 쓸쓸히 찾아오던 정치인이 어느 날 대통령이 되어 나타나자 주인장도 크게 감동하는 모습이었다. 그 포장마차는 근처에 번듯한 점포를 구해 2023년 현재도 영업 중이다. 가끔 찾아간다. 대합탕을 주문한다. 마주 앉았던 사람의 자리에 빈 술잔을 놓는다.

노무현과 영욕의 시간을 함께했지만 나는 노 대통령과 함께 찍은 사진이 거의 없다. 다른 이들은 선거에 나서며 노 대통령과 찍은 사진을 홍보물에 올리며 자랑하는데 나는 그런 적이 별로 없다. 그래서 진짜 노무현의 측근이 맞는지 묻는 사람이 있을 정도였다.

정치인이든 기업인이든 누군가를 보필하는 사람이라면 보좌진으로서의 역할은 자신이 모시는 사람을 객관화시켜주는 것이다. 그를 주인공으로 만들되 그가 세상과 자신을 알 수 있도록 끊임없이 각성시켜주는 것이 보좌진의 아픈 역할이기도 하다. 모시는 사람의 귀에 듣기 좋은 소리만 할라치면 보좌진 자리에서 물러나는 것이 마땅하다. 보좌하는 역할과 경호하는 역할은 다르다. 그래서 나는 노 대통령과 항상 서너 발짝쯤 떨어져 있으려고 노력했다. 업무에 있어서도 그렇고 물리적 거리에 있어서도 그랬다. 모시는 사람을 객관적으로 파악해 그가 부족한 점을 살피고 대신 채워주는 것이 보좌진의 역할이다. 옆에 바짝 붙어 있는다고 되는 일이 아니다. 노 대통령과 함께 사진 찍은 사람이 드문 이유도 그것 때문이다.

노 대통령이 당선되고 국정상황실장도 맡지 않으려 했다. 일단 당시 내 나이가 너무 젊었다. 청와대 상황실장은 흔히 하는 말로 '천하를 호령하는' 자리였고, 젊은 나이에는 누구든 그런 역할을 맡아 이상을 펼치고픈 꿈을 꾸지만 그 자리를 받아들이면 어떤 일이 벌어질 것이라는 사실 정도는 예측할 수 있었다. 그 정도 분별력은 갖고 있었다. 완곡히 거절했다. 그럼에도 노 대통령은 사람을 키울 줄 아는 장점이 있는 리더였다. 능력 있는 사람을 데려다 바로 능력을 발휘할 수 있도록 해야 할 자리, 당장은 미흡할지라도 성장 가능성 있는 사람을 데려다 기회의 마당을 펼쳐주어야 할 자리. 그것을 구분할 줄 아는 리더였다. 어찌 되었든 나에게는 과분했고 감사했다. 많은 것을 배웠다.

사실 나는 대통령 취임식장에도 가지 않았다. 내가 노무현 대통령 취임식 자리에 없었다고 말하면 놀라는 사람들이 많은데, 그 시각에 나는 청와대 전체 조직도를 완성하면서 차관급 인사를 매듭짓고 있었다. 식장에 나가 있을 상황이 아니었다. 진짜 '측근'은 모시는 분의 곁에 바짝 붙어 있는 사람이 아니다. 모시는 분은 서울에 있을 때 자신은 부산에 있는 식으로 그의 분신 같은 역할을 하는 사람이어야 한다. 노무현이 한 명이 아니라 스무 명쯤 되어야 한다.

취임식이 있고 얼마 뒤 장·차관 인사와 관련해 노 대통령과 독대했다. 차관급 인사는 괜찮다는 재가를 받았다. 그런데 장관급 명단을 살펴보니 고개를 갸웃하게 만드는 대목이 있었다. 이런 분은 안 될 것 같다고 반대 의사를 밝혔다. 차관급 윤곽을 짜는 것이 내 임무였으니 솔직히 그것은 월권이라 할 수 있었다. 하지만 장·차관의 소통과 융합을 생각할 때 모른 척 넘어갈 수도 없는 상황이었다. 보좌진으로서 할 말은 해야 했다.

오후 3시에 시작한 대화가 저녁 식사 시간을 넘기도록 끝나지 않았다. 대통령은 화가 많이 나신 듯했다. 결국은 "네가 인사권자야 뭐야?"라는 말씀까지 들었다. 머리가 띵해지는 순간이었다. 대통령과 10여 년간 동고동락했지만 그런 표현은 처음 들어보았기 때문이다. 권력자가 되기 전과 된 후는 이렇게 다른 것인가 하는 생각까지 들었다. 평소 같았으면 "늦었으니 같이 밥 먹자"라며 붙잡았을 텐데 집무실을 빠져나가는 순간에도 냉담하게 그냥 보내시는 모습에 놀랐다. '같이 밥 먹자.' 이 말이 얼마나 소중한 격려인지 새삼 깨닫는 순간이었다.

밤새 잠을 이루지 못했다. 끝까지 내 의견을 말씀드릴

　　　　　　　　　　　여덟 번째 맛

것인가, 좋은 게 좋다는 식으로 넘어갈까. 전전긍긍했다. 집권 첫걸음부터 모든 것을 대통령 뜻대로만 하면 나중에 진언하기 더 힘들어지겠다는 생각에, 사의를 표할까 하는 생각마저 했다. 지금보다 훨씬 젊은 시절이었으니까 그런 좌충우돌하는 고민을 했던 것 같다.

다음 날 새벽에 대통령에게 전화가 왔다. 곧장 보자는 전언이었다. 착잡한 마음으로 택시에 올랐다. 안가에서 뵈었다. 자리에 앉기도 전에 대통령은 "내가 생각해보았는데 말이야…"라며 운을 떼셨다.

"나도 고민을 많이 해서 짠 명단인데 네가 반대하니 분해서 잠이 안 오더라."

각자의 이유로 우리는 잠을 이루지 못했다. 괜히 대통령에게 죄송했다. 잠깐 침묵이 흘렀다. "그냥 대통령님 의중대로 하십시오"라고 말하려던 찰나, 노 대통령이 앞질러 말했다.

"생각해보니 네 말도 일리가 있더라. 내 구상을 네가 바꾸려고 하니 자세히 들어보지도 않고 기분이 나빴는데 천천히 다시 보니까 맞는 부분이 있었어. 바꿀 사람은 바꾸는 게 맞겠다. 대신에 나머지는 내 뜻대로 가는 거야."

노무현은 그런 사람이었다. 끊임없이 토론하는 사람이

었다. 어디 한번 이야기를 들어볼까 하는 수준이 아니라 진심으로 상대의 말을 경청하겠다는 태도로 토론을 요청하는 사람이었다. 지위 고하를 가리지 않았다. 누군가를 섭섭하게 만들었으면 그것으로 애달파 했고, 자기 생각에 틀린 지점이 있는지 돌아보고 또 돌아보았다. 생각이 틀렸으면 틀렸다고 고백할 줄 알았다. 생각이 다른 누구와도 마주 앉을 각오가 되어 있는 사람이었다. 타인과 다름을 인정하고 자신의 틀림 앞에 솔직했다.

기록하는 것을 좋아하는 사람이었다. 새로운 문물에 호기심이 많았다. 노무현이 무언가에 관심을 보이며 고개를 쑥 내밀고 호기심의 눈망울을 반짝일 때, 소년 같은 그 표정을 잊을 수 없다. 우리나라에서 전자수첩을 사용한 첫 국회의원이었다. 일정이나 간단한 메모 사항을 거기에 기록했다. 스마트폰이 일상화된 지금은 전자수첩이라는 용어마저 예스럽게 느껴지지만 당시로서는 정말 신문물이었다. 국회의원이 쪽팔리게 어떻게 자기 일정을 스스로 기록하냐고, 보좌진 시키면 되지 않느냐고 흉보는 국회의원도 있었지만 그런 의원에게 다가가 한번 사용해보라고, 아주 편하다고 전자수첩을 선물하기도 했다.

아직 타자기를 사용하던 시절에 직접 컴퓨터를 사용하며 인터넷 선까지 연결한 국회의원이 노무현이었다. 파일링 시스템을 구축해 정보를 축적했다. 그 분야에 약한 보좌관은 연구소에 가서 공부하고 돌아오도록 지시했다.

보좌진이 연설문을 작성하는 것이 일반적이던 시절에 (지금도 꽤 많은 정치인이 직접 연설문을 작성하지 않는다) 키보드를 두드리며 손수 연설문을 썼다. 컴퓨터를 모르는 보좌관을 곁으로 불러 가르쳐주기도 하셨다.

우리나라에는 매뉴얼이 없고 지식과 정보가 축적되지 않아 똑같은 실패가 되풀이되는 것이라며 '데이터베이스 구축'을 지겹도록 강조했다. 성공이든 실패든 모든 사례와 경험은 기록으로 남겨놓으라고 지시했다. 국회의원 시절에 한번은 나와 다른 보좌관을 불러 이런 지시를 내렸다.

"내가 너희들을 언제든 해고할 수 있게 조치해놓아라."

무슨 말씀인가. 사표라도 써놓으라는 말인가? 어리둥절했는데, 우리가 홀연 어디로 가든, 누가 우리 자리로 들어오든 업무를 바로 파악할 수 있도록 인수인계 시스템을 구축해놓으라는 뜻이었다. 그러한 토론과 기록, 시스템 구축의 집념은 대통령이 되고 나서도 계속되었다. '이지원 시스템'은 그저 우연히 만든 결과가 아니었다.

◇◇◇

참여 정부 시절에 만든 청와대 업무 관리 시스템을 이지원e-知園이라고 부른다. 디지털e 지식知 정원園이라는 뜻이자, 쉽고 편하게easy 사용하는 통합one 업무 관리 시스템이라는 뜻도 담고 있다.

1990년대 말부터 국내 기업들은 전사적 자원 관리ERP 시스템을 도입해 경영 자원을 종합적으로 관리하고 의사 결정을 지원하는 업무 프로세스를 구축하고 있었다. 정부와 행정 기관은 2000년대 초부터 전자 결재 시스템을 도입하고 정보를 공유하려는 시도가 있기는 했지만 알려졌다시피 관습에서 하는 일은 속도가 느리고 변화에 소극적이다. 여전히 대면 보고 중심으로 회의와 결재가 이루어지고 있었고, 전자 결재 시스템의 보안성이나 투명성이 충분히 갖추어지지 않던 때였다. 여러 기관이 비슷한 문서를 수차례 중복해 작성하더라도 파악할 방법이 마땅치 않았다. 전자 결재 과정의 책임 소재가 불투명했고, 디지털로 업무를 진행하는 것이 과연 효율적인

노무현이 가르쳐준 오뚝이 정신이 아니었으면

지금의 나도 없었을 것이다. 그런 측면에서

나는 아직 노무현과 함께하고 있다고

말할 수도 있을 것이다.

고백하자면 때로 마뜩잖은

순간이 있었던 것도 사실이지만

내 인생에서 노무현이라는 세 글자는

결코 지울 수 없음을 운명으로 여긴다

가 하는 점까지 회의적인 의견이 많았다. 디지털로 업무를 추진하면 진행 절차를 눈으로 확인할 수 있는지에 대해서도 "과연 가능할까?" 하는 반응이 대부분이었다.

"기업보다 뛰어난 통합 업무 관리 시스템을 만들자." 호기심 많고, 여러 번 실패하는 것에도 익숙하고, 게다가 자기 스스로 IT 분야에 아는 것이 많은 대통령이니까 시작할 수 있는 프로젝트였다.

각설하고 결과를 말하자면, 이지원은 개발에 참여한 청와대 비서관 네 명이 공동으로 특허를 출원해 등록에 성공할 정도로 독보적인 관리 시스템이 되었다. 정부에서 만든 것을 기업에서 배워갈 정도로 대한민국 업무 관리 체계에 있어 일대 혁신을 이루었다.

청와대는 2004년 말부터 문서의 생산, 유통, 축적, 재활용이 가능하도록 '문서 관리 카드'라는 새로운 양식을 개발했다. 기존 그룹웨어가 메일, 게시판, 전자 결재 위주의 서비스였다면 이지원은 업무 처리 과정을 일지 형태로 기록하는 '과제 관리' 개념을 도입했다. 즉 아랫사람이 만든 문서를 윗사람은 그저 결재하는 개념의 시스템이 아니라 함께 업무를 '만들어가는' 시스템으로 이지원을 구축한 것이다. 업무 진행 상황을 참여자 모두가 한눈에 볼 수 있었다. 각종 회의를 진행하는 디지털 회의 시스템을 구축해 안건 제시에서부터 진행, 결과까지 일체 과정을 관리할 수 있도록 했다. 대통령 지시 사항도 온라인화했다.

이지원이 도입되고 대통령 비서실에는 많은 변화가 생겼다. 정책을 처리한 제반 과정이 기록으로 남아 몇 번의 검색으로 관리 보고서를 찾을 수 있었다. 정책 실명제가 도입되었고, 업무 정보와 지식 정보 공유도 활발해졌다. 예전에는 몇 주씩 걸리던 프로젝트가 하루 이틀이면 끝날 수 있게 되었다. 디지털 회의가 활성화되면서 회의 자료를 인쇄할 필요가 없어졌고, 회의에 참석하지 않더라도 실시간으로 회의 시스템을 이용할 수 있었다. 지금은 흔히 볼 수 있는 시스템이지만 20년 전에는 '혁명'이었다.

이지원 문서에는 내용이 변경된 이력이 본문에 포함되었다. 누가, 언제, 왜, 어떤 경로로 변경을 지시했는지 '지시 경로 이력'까지 밝힐 수 있었다. 책임 소재가 분명해지는 것이다. 업무가 어떤 경로로 이루어졌는지, 정책이 어떻게 결정되었는지, 진행 과정을 파악하는 데 큰 도움이 된다. 이러한 시스템의 개발 과정을 대통령이 직접 챙겼다. 대통령 직접 지시로 시작한 사업이었고, 대통령이 누구보다 이 사안에 관심이 높았다. "아침에 눈뜰 때부터 하루 업무가 끝날 때까지 대통령이 이지원을 붙들고 있다"는 소문이 있을 정도였다. 가장 먼저 사용한 사람이 대통령이었고, 문제점을 파악해 가장 먼저 지적한 사람이 대통령이었고, 개선 사항에 대한 제안을 가장 많이 쏟아낸 사람도 대통령이었다. 실험자이자 피실험자, 참여자, 개발자, 비판자였다. 이지원의 특허권에는 노무현의 몫이 가장 크다고 말해야 마땅하다.

2000년대 초반은 우리나라가 전반적으로 아날로그에서 디지털로 전환하는 시점에 있었다. 그래서 노무현이 아니라 누가 대통령이 되었더라도 그러한 시스템을 구축했을 것이라고 성과를 일부러 깎아내리는 사람이 있다. 나는 "노무현이었기 때문에 가능했던 측면이 더욱 많다"라고 자신 있게 말할 수 있다. 우리 국민은 필요한 시기에 필요한 성품과 능력을 갖춘 대통령을 지닌 행운이 있었던 것이다.

앞에서 이왕 '노무현 팔이'를 언급했으니, 이번 장에서는 대놓고 실컷 노무현 이야기를 해야겠다. 나는 그동안 몇 권의 책을 쓰면서도 노무현에 대한 사적인 이야기를 별로 하지 않았다. 《노무현이 옳았다》를 쓰면서도 공인으로서의 노무현을 중심에 두려고 했지 노무현과의 개인사를 뒤섞지는 않았다. '대통령 노무현'으로도 충분히 훌륭하기 때문이다. 이번 책에서는, 어쩌면 처음이자 마지막으로, 노무현에 대한 이야기를 종횡으로 풀어놓으려 한다.

이광재가 바라본 노무현은 한마디로 이렇다. 노무현은 실용주의자이면서 이상주의자였다. '이상적 실용주의자'라 말해야 할 것이다.

국정상황실장을 할 때 전임 김대중 정부에 대한 투서가 엄청나게 들어왔다. 정부가 바뀌면 언제나 그렇다. 새로운 정부에서 '한 자리'를 노리고 전임 정부에서 드러나지 않았던 내막을 고발해 충성심을 엿보이려는 얕은 사람들이 기승을 부린다(같은 진영끼리 정부를 교대해도 그러는데, 정권이 바뀌면 어떻겠는가). 투서 중에는 완전히 무시하기도 애매한 내용들이 있었다. 중요하다고 생각되는 부분을 간추려 대통령에게 보고했다. 호기심 많은 대통령의 반응이 의외였다. "그거 없애라. 그런 거 파헤치다가 날 샌다."

　우리는 우리 할 일이나 열심히 하자. 나쁜 사람들은 우리가 건드리지 않아도 알아서 벌 받게 되어 있다. 그런 내용의 말씀도 덧붙이셨다. 같은 이유로 노 대통령은 전임 정부를 처벌하지 않으려 했다. 유능한 관료들이 지난 정부 시기에 했던 일을 이유로 감옥에 가는 사례가 되풀이하는 역사에 거리를 두려 했다. 노무현은 이상주의자였지만 현실에서 벌어진 사건에는 그 배경을 이해하려고 노력하는 현실주의자이기도 했다. 과거에 매달리기보다는 오늘과 내일에 최선을 다하려 했다. 이런 말씀도 기억에 남는다. "우리가 일을 잘해서 미래를 개척하는 것이 과거로 가야 할 사람들을 일찍 과거로 보내는 방법이야." 미래에 관심 없는 리더는 자꾸 올드보이만 끌어모은다.

　노무현의 실용주의는 외교 노선에도 그대로 반영되었다. 취임 초기에 참모들을 불러놓고 갑자기 물었다. "미국 없이 우리가 살 수 있어요?" 그동안 홀로 생각해왔던 것을 툭 던지듯 꺼내기를 즐겨 하는 사람이 노무현인지라 우리가 모르는 사이 또 이런저런 고민을 많이 했겠구나 짐작했다. "한국과 미국의 관계에 대해 각자 연구해 발표해봅시다." 그것이 1차 지시였다. 검토 결과를 받아보고는 이렇게 말했다. "미국과 잘 지내야겠습니다. 이제 구체적 방법을 강구해봅시다." 여러 토론이 이어졌다. 한국와 미국이 동맹인 것은 부정할 수 없는 사실이지만 미국이 하자는 대로 하는 것이 동맹국의 자세일까? 미국도 과연 그것을 바랄까? 진정한 한미동맹의 모습은 어떤 방향이어야 할까? 다양한 논점으로 흘렀다.

그리하여 도출된 핵심 전략이 국방력 강화였다. 미국과 협력하면서도 자주국방 역량을 강화하는 것이 한미동맹에 진정으로 부합하는 방향이라는 데 의견이 모아졌다. 이라크 파병을 결정했다. 이른바 자유 진영 국가들이 머뭇거리던 때에 노무현 정부가 파병을 하겠다고 결정하니 세계적으로 깜짝 놀라는 반응이었다. 노 대통령은 국익 차원에서 할 일은 한다는 메시지를 남겼다. 이렇듯 미국의 세계 전략에 협조하면서도 전시 작전권 반환을 추진하고 용산 미군기지를 환수하는 일을 동시에 진행했다. 그러자 이번에는 그것이 반미反美 노선이라며 색깔론을 덧칠하려는 세력이 등장했다. 개의치 않았다. 집안에 도움을 주는 이웃으로부터 자립하려는 노력이 '반

反이웃'은 아니지 않은가. 시시한 태클에는 일일이 대응하지 않는 편이 낫다.

미래를 내다보고 제주 해군기지를 건설했다. 국방 예산 증액을 과감하게 추진했다. 통계를 살펴보면 노무현 정부 시절 국방 예산 증가율은 이명박, 박근혜 정부 시절보다 높았다. 재정 대비 국방 예산 투입률도 보수 정부 시절보다 높았다. 입으로만 '안보'를 외치는 정부가 있다. 한편으로, 겉으로는 그런 말을 하지 않더라도 실질적으로 차곡차곡 내용을 채우는 정부가 있다. 어느 쪽이 진정한 보수일까.

개방형 통상 국가가 노 대통령의 비전이었다. 한미동맹이 군사 동맹에만 그칠 것이 아니라 경제적으로도 확실하게 동맹 관계가 되어야 한다고 강조했다. 그래서 한미 FTA가 탄생하게 되었다. 추진 당시에 여러 비판이 있었고, 그로 인해 핵심 지지층을 잃을 뻔한 위기에 처하기도 했지만 개의치 않았다. 한미 FTA는 나중에 트럼프 정부가 강력히 개정을 요구하는 협정이 되었다.

❖❖❖

노무현 대통령은 이른바 '튀는' 발언을 많이 하는 대통령이었다. 그의 성정이 거칠거나 삶의 궤적에 귀족 같은 면모가 있어 그랬던 것이 아니라는 사실은 그 시절을 겪은 국민이라면 누구나 아는 사실이다. 순박함에서 비롯된 술직한 말씨였다. 어찌 되었든 발언은 종종 튀는 듯 보였지만 돌아보면 그의 정책은 언제나 중도로 수렴되었다. 보수적인 대통령이 보수적인 정책만 쓸 수 없는 것처럼, 진보적인 대통령이 진보 정책만 쓸 수도 없는 법이다. 나라 전체를 생각하는 대통령이라면 정책은 결과적으로 중도로 모이기 마련이다. 노 대통령의 발언은 거침없다는 평가를 받았지만 정책은 언제나 조화와 균형을 이루었다. 그러려고 노력했다.

정책을 결정할 때 노 대통령이 견지한 원칙은 두 가지였다. 첫째, 정책을 결정할 때는 특정인과 독대하지 않았다. 한 사람 말만 듣고 국정이 좌지우지되는 것을 극도로 경계했다. 둘째, 사안에 대한 찬반 의견을 반드시 함께 들었다. 대통령이 한쪽 입장에 굳건히 서는 것이 아니라 심판 역할을 맡으려 했다. 질문하고 정리하고 반론도 들으면서 결론이 도출되는 과정을 즐기는 성격이었다.

　인사에 있어서도 조화와 균형을 고려했다. 진보-보수 입장을 가진 관료와 참모를 두루 중용했다. 예컨대 외교에 있어 진보적인 윤형관, 보수적인 반기문을 외교통상부 장관과 외교안보수석비서관에 각각 기용했다. 경제에 있어서는 보수적인 김진표와 진보적인 이정우가 부총리와 정책실장으로 조합을 이루도록 했다. 대통령의 역할은 그들이 일상적으로 소통하도록 돕고, 의견이 대립하는 부분이 생기면 숙의를 거쳐 어느 한쪽이 이성적으로 승복할 수 있도록 만들어주는 것이었다. 결정된 정책에 대해서는 권한과 함께 책임을 강조했다.

　경제보좌관을 발탁할 때 일이다. 대통령이 나에게 조사해달라고 지시한 인사 기준은 세 가지였다. 첫째, 국제기구 경험. 둘째, 공무원의 생리를 잘 알 것. 셋째, 이론적 기반이 있을 것. 그런 기준으로 임명된 사람이 조윤제 교수였다. 인품에 있어서나 능력에 있어서나 최고의 인사였다.

　경제를 최우선했다. 노 대통령이 김진표 경제부총리 후보를 만났을 때의 일이다. 노 대통령이 평소의 솔직담백한 어투로 물었다. "저는 부족한 것이 많은 사람인데 대통령이 되었습니다. 정말 이 나라를 잘 운영하고 싶습니다. 무엇을 하면

좋을까요?" 김진표가 즉답했다. "경제입니다." 대통령은 "경제
는 기본적으로 다 하는 것 아닙니까?"라고 모르는 듯 물었고,
김진표는 "그런 게 아니라 경제는 진짜 중요합니다"라고 '진
짜'에 악센트를 주어서 말했다. 경제팀을 최강팀으로 꾸렸다.
김진표 부총리, 권오규 경제부총리, 진대제 정보통신부장관,
김영주 산업자원부 장관, 김대유 경제수석비서관, 김현종 통
상교섭본부장… 누구 한 명 거를 것 없는, 막강한 라인업이다.

◌◌◌

"성찰하는 자세로 과거를 돌아보겠다고 하더니 실컷 자
랑만 늘어놓고 있군." 독자의 뽀로통한 목소리가 들린다.

자랑하려는 목적이 아니다. 노력과 성과, 그리고 실패
를 있는 그대로 기록해 미래의 교본으로 삼기 위해서다. 앞으
로 어떤 정부, 어떤 대통령이 당선되든 이 부분에서만큼은 참
고가 되었으면 좋겠다는 뜻에서 기록으로 남긴다. 경제를 최
우선하고, 정책을 결정하는 데 있어서는 찬반 의견을 모두 들
어보고, 인사에 있어서도 조화와 균형을 이루고, 특정한 진영
의 맹목적 지지에 심취하는 대통령이 아니라 국가의 장기적

비전을 고민하는 지도자가 되라는 교훈을 기록으로 남겨놓고 싶다.

내친김에 망설임 없이 말하자. 노무현 대통령은 과감한 인사 정책을 펼쳤다. 자신의 경쟁 상대를 장관으로 기용했다. 김근태 보건복지부 장관, 정동영 통일부 장관, 천정배 법무부 장관, 김두관 행정자치부 장관… 모두 경쟁자들이었다. 대선 주자로 나서도 손색없는 인물들이었다. 나중에 혹여 자신을 공격할 수 있는 인물까지 과감히 기용해 정치적으로 성장할 수 있도록 발판을 만들어주었다. 장관을 대통령의 하수인이나 장식품 정도로 여기지 않았다. 존재감 없는 인물은 애초에 기용하지 않았다. 자기 스스로 빛을 발할 수 있도록 기회를 제공했다.

파격적인 인사를 대거 발탁해 세대교체를 꾀했다. 40대 유시민을 장관으로, 50대 이해찬을 총리로 등용했다. 최초의 여성 총리인 한명숙 총리, 첫 여성 법무부 장관인 강금실 장관도 참여 정부 때 탄생했다. 기업인이던 진대제를 정보통신부 장관에 기용했고, 지방대 출신 인사들도 학벌을 가리지 않고 발탁했다. 장관 임명이 있을 때마다 한 명 한 명이 화제가 될 정도였다.

보복 인사가 없었다. '검사와의 대화'를 할 때 노 대통령에게 굉장히 심한 발언을 했던 검사들이 있었다. 좌천시키든지 해야 한다고 여기저기 의견이 빗발쳤다. 감정이 들끓는 가운데 대통령이 이에 편승했더라면 큰일이 일어날 수도 있는 상황이었다. 대통령은 딱 한마디만 했다. "야, 그렇게 속 좁게 하지 마라. 오히려 잘해주어라." 강금실 장관에게 검사들을 오히려 발탁하도록 지시했다. 그중에는 나중에 강 장관의 측근이 된 사람도 있다. 승진하는 데 전혀 지장 없도록 했다. 대통령 앞에서도 주눅 들지 않는 기백으로 열심히 일하라고 격려하는 말까지 건넸다.

과감한 인사 혁신을 추진했다. 인사혁신처를 강화하고 시스템에 의한 인사를 확립했다. 밀실 인사가 아니라 합리적 평가 과정을 거쳐 인재가 발탁되는 시스템을 구축하려 노력했다. 노 대통령은 그러한 '프로세스'를 만드는 것을 천성적으로 즐기는 스타일이다. 그런 일을 할 때면 호기심을 빛내며 의욕에 넘쳤다. 고위직 공무원 후보를 국민이 누구나 추천할 수 있도록 공개 추천 창구를 상설 운영했다. 지금은 일상적 프로세스 가운데 하나로 정착한 제도이지만 그런 제도가 만들어지기까지 특정한 대통령의 성격과 관심이 지대한 영향을 미쳤다는 사실을 알아두어야 한다는 뜻에서 남기는 기록이다. 어떤 제도든 마찬가지다. 리더의 성격과 자질은 그래서 중요하다.

참여 정부 시기에 가장 뼈아픈 부분은 양극화다. 노 대통령 스스로 양극화 해소에 있어서는 "실패했다"라고 평가한 바 있다. "나의 실패를 진보 진영 전체의 실패로 호도하지 말라"라는 말까지 덧붙일 정도였다. 실패를 감추지 않고 가감 없이 드러내는 것이 노무현의 방식이다. 다만 그것을 '진보 진영 전체의 실패로 호도하지 말라'로 말했던 이유는 바로 알아야 한다. 우리 사회는 특정한 진영이 집권하던 때에 특정한 과제를 해결하지 못하면 그것을 국가 전체의 과제로 삼아 함께 해결할 생각은 하지 않고 상대 진영을 공격하는 소재로만 삼는다. 우리 정치의 고질적 문제점이다. 그러니 국가가 늘 공회전을 하는 것이다. 진영 논리를 벗어나 어느 정부가 되었든 양극화 문제는 바로 잡으라는 뜻에서 노무현은 말했다.

지난 10년간 여러 영역에서 많은 격차가 확대되고 있습니다. 예를 들면 대기업과 중소기업 사이에서 자금과 기술과 인력과 시장, 이 모든 면에서 불리한 여건을 아직 극복하지 못하고 있습니다. 열심히 노력하지만 어떻든 아직 포괄적으로 그렇습니다. 그래서 중소기업을 아주 면밀하게 분석해 상황에 따라 다양한 정책을 맞춤식으로 쓰기 위해 지난 1년간 매일 분석하고 정책을 개발하고 있습니다. 격차를 줄이는 일이 큰일입니다. 대기업 노동자와 중소기업 노동자, 그리고 비정규직 노동자 사이의 임금 차이가 너무 커서 이것도 좀 걱정입니다. 서울 또는 수도권과 지방 간의 격차도 매우 큽니다. 역시 또 혁신을 할 수 있는 역량을 가진 조직에 편입되어 있는 사람과 혁신이 안 되는 조직과 집단에 살고 있는 사람들의 기술 격차와 정보 격차도 빨리 극복해야 할 문제입니다.

— 2004년 12월 6일, 프랑스 동포 간담회에서

무려 20년 전에 했던 이야기인데 그동안 우리 사회는 양극화 해소를 위해 얼마나 노력해왔는지 걱정스럽고 부끄러워지는 대목이다.

노 대통령의 2006년 신년 연설 제목은 '책임 있는 자세로 미래를 대비합시다'였다. 양극화 해소를 위해 사회적 대타협을 이루고, 모두가 한발씩 양보해 국가적 과제를 해결하자는 제안이었다. 그해 3월에는 '양극화 해소'를 주제로 인터넷 생중계를 하며 국민과의 대화를 진행했다. 노무현은 적어도 문제를 숨기려는 사람은 아니었다.

◇◇◇

노무현과 함께했던 수많은 밥상을 떠올린다. 부산 지역구에 내려가 함께 먹었던 언양불고기, 아이들이 보고 싶은데 "한술 먹고 가라" 이야기하면서 나를 붙잡았던 설렁탕, 비 오는 날 빗소리 들으며 보글보글 끓는 모양만으로 마음이 따뜻해지던 평창동 포장마차 대합탕….

요리사의 실력이 좌우하는 요리가 있고 원재료가 중요한 요리가 있다. 대합탕은 분명 원재료가 중요한 요리다. 부실한 대합으로는 깊은 맛이 우러나는 대합탕을 끓일 수 없다. 좋은 대합을 골라 개흙을 잘 걷어내고 말끔한 국물 맛이 나오도록 하는 것이 요리사의 능력이다.

우리는 흔히 사람을 '쓴다', 지도자를 '뽑는다'는 표현을 사용한다. 좋은 식재료를 골라 쓰는 것에서 요리사의 경험과 안목을 드러난다. 정치 또한 그러하지 않을까. 재료에서, 선택

　　　　　　　　　　　여덟 번째 맛

에서, 인사에서, 성패가 먼저 드러난다.

참여 정부의 성공과 실패를 돌아본다. 애초에 실력이 부족해 잘못했던 것들, 시대가 그럴 수밖에 없어 한계에 봉착했던 과제를 두루 돌아본다. 그 가운데 대한민국이 나아갈 길을 살핀다.

"광재야, 잘해봐. 이제는 이광재로 살아." 인생의 마지막까지 떼려야 뗄 수 없는 이름이 노무현이라는 세 글자이겠지만 이제는 그를 놓아주고 싶다.

아홉 번째 맛
...

조금 엉뚱해도 괜찮아, 당당하게

사부사부

내가 볼 땐 억울한(?) 요리가 있다. 분명 요리인데 사람들이 요리가 아니라고 여겨 자존심이 상한다고 여길 음식. 샤부샤부가 그렇다. (샤부샤부의 일상적인 표기법은 샤브샤브이지만 국립국어원의 외래어 표준 표기법에 따르면 '샤부샤부'다. 여기에서는 국립국어원의 지침에 따른다.)

국물에 채소와 고기 등을 데쳐 먹는 요리를 샤부샤부라고 한다. 그런데 곰곰 생각해보면 샤부샤부는 먹는 사람 스스로 해 먹는 요리다. 주방에서는 육수를 만들고 채소와 고기를 다듬어 내놓기만 하면 된다. 그래서 샤부샤부를 요리라고 생각하지 않는 분들이 존재하는 것이다. 하지만 집에서 쉽게 도전할 수 없는 요리가 샤부샤부이기도 하다.

샤부샤부에 흔히 들어가는 채소는 배추, 청경채, 근대, 숙주, 쑥갓 등이다. 버섯으로 목이, 송이, 느타리, 팽이 등이 등장하고, 단호박을 넣기도 한다. 감자, 고구마를 얇게 썰어 넣어도 맛있고, 콩나물이나 숙주나물을 넣기도 한다. 두부피나 건두부를 넣고, 중국식 당면이나 옥수수면을 넣어 먹어도 맛있다. 가정에서 이 많은 재료를 준비하기 어렵다.

집에 손님을 초대해 샤부샤부 요리를 대접할 때 온갖 다양한 재료를 다 준비해놓을 수는 있다. 그러면 반드시 남는 재료가 생긴다. 혹은 부족한 재료가 생긴다. 그것을 예측하기 어렵기 때문에 되도록 풍성하게 준비하는데, 그러면 역시 남는 재료가 생긴다. 샤부샤부를 메인 요리로 손님을 모실 때마다 느끼게 되는 딜레마다(요즘 마트에는 샤부샤부용 채소를 소량으로 포장해 판매하기도 한다).

이런 이유로 샤부샤부를 먹을 때는 전문 식당을 이용하게 되는데, 샤부샤부 전문점은 '규모의 경제'의 효용성을 보여주는 대표적 사례 가운데 하나다. 식당은 대량으로 채소를 떼오기 때문에 개개인이 많은 재료를 준비하는 것보다 저렴한 가격에 다양성을 충족할 수 있다. 일정한 비용을 지불하면 채소나 버섯을 계속 주는 전문 식당도 있다. 특정한 채소가 부족해 아쉬움을 느끼거나 채소가 남을까 걱정할 필요가 없다.

육수에 면을 삶아 먹을 수 있다. 면을 삶고 남은 육수를 덜어 죽을 끓이거나 볶음밥을 만들어 먹을 수도 있다. 마지막 국물 한 방울까지 샤부샤부는 버릴 것 하나 없이 최선을 다한다. 먹는 사람의 다양한 욕구를 빠짐없이 충족시킨다. 샤부샤부 만세! 나는 샤부샤부 예찬론자다.

◇◇◇

반대로 생각할 수도 있다. 앞에서 샤부샤부가 집에서 쉽게 도전할 수 없는 요리라고 했지만 남는 채소와 고기를 활용해 가장 간단히 해 먹을 수 있는 요리가 샤부샤부이기도 하다. 이른바 '냉장고 털이' 할 때 유용하다.

중국에 살 때 샤부샤부를 즐겨 먹었다. 명색이 샤부샤부 본고장인 중국에 살았으니 외식하며 자주 먹었겠구나 생각하기 쉬운데, 주로 집에서 해 먹었다. 타국에서 유학하며 살다 보니 먹는 문제가 여간 까다로운 것이 아니었다. 채소를 비롯해 식재료를 구입하면 항상 많이 남았다. 버리기 아까우니 냉장고에 넣어두었다가 가끔 꺼내 샤부샤부를 해 먹었다. 고기를 얇게 썰어 곁들이면 준비 끝. 냉장고를 말끔히 비우게 된다. 훌륭한 한 끼 식사가 완성된다.

육수는 취향껏 만들어 드시라. 멸치 다시 국물을 우려 내도 되고, 구수한 맛을 내고 싶으면 시중에 판매하는 사골곰탕 육수를 섞어도 좋다. 요즘에는 샤부샤부 전용 육수라고 적힌 간편식 상품이 다양하게 나와 있다. 사실은 그냥 맹물을 육수로 삼아도 아무 문제 없다. 채소를 먼저 데치면 그 자체로 채소 우린 물이 되기 때문이다. 거기에 만두를 넣으면 만둣국이 되고, 생면을 넣으면 칼국수가 되고, 이것저것 아무것도 없으면 즉석 라면을 넣어 먹어도 훌륭한 마무리가 된다.

알다시피 채소에도 독성이 있다. 생으로 먹는 것도 좋지만 삶아 먹으면 안전하고 소화가 잘된다. 그런 면에서 샤부샤부는 건강식이고 안전식, 다이어트식이다.

샤부샤부에는 '강제'라는 개념이 없다. 각자 취향껏 먹으면 된다. 고기를 싫어하는 사람은 채소만 데쳐 먹으면 되고, 채소를 별로 좋아하지 않는 사람은 고기만 줄곧 먹어도 좋다. 뻣뻣한 채소를 싫어하는 사람은 부드러운 채소를 먹으면 되고, 특정한 향이 풍기는 채소를 싫어하는 사람은 그것만 빼고 즐기면 된다.

샤부샤부는 소스도 각자 만든다. 간장과 식초를 자신만의 비율대로 섞어 만드는 사람이 있고, 거기에 다진 마늘을 넣

아홉 번째 맛

어 먹기도 한다. 매콤하게 고추기름이나 고춧가루를 넣는 사람이 있는가 하면, 중국인들은 즈마장芝麻醬이라 부르는 고소한 소스를 즐긴다. 고소한 땅콩들깨소스인데, 마라 육수의 매운맛을 중화시키기 위해 개발한 소스일 것이다. 즈마장에 설탕이나 소금을 넣어 고소하면서도 단짠단짠한 맛을 즐기는 사람이 있고, 굴 소스를 넣기도 한다.

나는 좀 독특한 소스를 제조한다. 매운맛을 그리 좋아하지 않고 고기도 별로 즐기지 않기 때문에 샤부샤부를 먹을 때는 일반 육수에 채소를 주로 데쳐 먹는다. 거기에 간장과 들깨가루를 섞은 소스를 찍어 먹으면 고소한 맛을 느낄 수 있다. 간장과 땅콩소스를 섞기도 한다. 느끼하게 그게 무엇이냐고 놀라 묻는 사람도 있는데, 내 입맛에 좋은데 어쩌란 말인가. 한번 드셔보시라. 맛있다.

샤부샤부 전문점에 가보면 각종 소스 재료가 다양하게 놓여 있다. 각자 취향에 따라 만들어 먹는다. 다른 사람은 어떻게 소스를 배합하는지 구경하는 재미도 나름 쏠쏠하다. '저런 방법도 있구나' 하면서 흉내를 내보기도 한다. 물론 그러다 실패할 확률도 높지만 세상 사람들의 다양성을 확인하는 좋은 계기가 되기도 한다. 샤부샤부에는 자유가 있다. 자유는 다양성 가운데 자란다. 역시 만족스럽다.

집에서 무언가를 해 먹고 나면 치우는 일이 귀찮다. 집에서 삼겹살이라도 구워 먹은 날에는 창문을 모두 열고 미끌미끌한 바닥과 벽면을 닦으면서 '한 끼 포만감을 위해 내가 대체 무슨 일을 저지른 것인가' 뒤늦은 후회까지 하게 된다. 샤부샤부는 그럴 일이 별로 없다. 국물 한 방울까지 남김없이 처리하는 음식이니 뒤처리가 간편하다. 설거짓감도 별로 발생하지 않는다. 빈 접시와 냄비만 잘 닦아놓으면 된다. 여러모로 샤부샤부 예찬을 하고 싶다.

◇◇◇

앞에서 중국을 샤부샤부의 본고장이라고 표현했지만 사실 샤부샤부는 일본에서 유래한 요리다. 샤부샤부라는 이름 자체가 '살짝살짝'을 뜻하는 일본어 의태어에서 유래했다. 1950년대 일본 어느 식당에서 그런 이름을 붙였다는데, 육수에 채소나 고기를 살짝 데쳐 먹는 요리라는 뜻일 것이다(이름의 뜻을 알고 나면 샤부샤부는 꽤 귀여운(?) 구석이 있는 요리다).

용어에서 알 수 있듯 중국과 일본의 샤부샤부는 개념이

약간 다르다. 일본이 자기가 먹을 만큼만 살짝 데쳐 먹는 요리라면 중국은 함께 푹 담갔다 꺼내 먹는 요리라고 할까. 샤부샤부를 중국에서는 훠궈火鍋라고 부른다. 중국어 궈는 냄비를 뜻한다. 뜨거운 냄비? 샤부샤부가 먹는 방법에 초점을 맞춘 이름이라면 훠궈는 끓이는 냄비에 방점을 찍었다.

훠궈 냄비에는 여러 모양이 있다. 보통은 냄비 중간에 칸막이를 쳐서, 한쪽은 매운맛, 다른 한쪽은 순한맛으로 취향에 따라 먹는다. 매운맛 육수는 홍탕, 순한맛 육수는 청탕 혹은 백탕이라 부른다. 홍탕과 백탕을 나누는 칸막이가 태극 모양으로 생긴 경우가 많은데, 그런 냄비를 원앙궈鴛鴦鍋라고 부른다. 원앙처럼 S자형으로 생겼다거나, 원앙처럼 양쪽이 조화를 이룬다는 뜻일 것이다.

자모궈子母鍋라는 냄비도 있다. 백탕을 중앙에 놓고, 주위를 홍탕이 둘러싸는 모양의 냄비다. 한국에서는 전문 훠궈집에서도 흔히 볼 수 없는 냄비인데, 중국에서는 남방으로 갈수록 자모궈를 사용하는 식당이 많다. 사실은 백탕보다는 홍탕에 초점을 맞춘 냄비다. 홍탕 영역이 훨씬 넓으니까.

한편 우리나라의 신선로 모양으로 생긴 훠궈 냄비도 있다. 냄비 중앙에 숯불을 넣고 그 열로 육수를 끓여 고기와 채소를 데쳐 먹는다. 먹는 방식이 일본의 샤부샤부에 약간 더 가깝다. 그런 훠궈를 솬양러우涮羊肉라고 부르는데, 양고기를 뜨거운 물에 씻듯涮 먹는다는 뜻이다. 양고기는 중국 몽골이나 북방 사람들이 즐겨 먹는 음식이니 이름만 들어도 어디에서 유래한 음식인지 알 수 있을 것이다.

유래를 좇자면 몽골 민족이 대륙을 지배하던 시절에 솬양러우가 생겼을 것이라고 쉽게 짐작할 수 있다. 그것이 중국 남방 지방으로 전파되면서 고기 종류에 소고기가 추가되었다고 추정할 수 있다(중국 남방에는 양고기가 흔치 않다). 다시 그것이 매운맛을 즐기는 중국 사천 지방으로 옮겨 가면서 홍탕이 추가되었다고 짐작할 수 있다. 여기에 덧붙이자면 홍탕 훠궈를 혼자 먹을 수 없을까 고민하다가 나온 음식이 '마라탕'이라는 설이 유력하다.

중국 사천이나 충칭 지방에 가보면 특이한 훠궈 냄비가 있다. 우물 정井자 모양으로 칸막이를 만들어 구분한 구궁격九宮格이라는 냄비다. 그래보았자 아홉 칸 모두 홍탕이라 "역시 사천 사람!" 하면서 혀를 내두르게 된다. 냄비에 담겨 있는 재료를 서로 먹으려고 다투는 것을 피하려고 그렇게 여러 칸을 나누었다는데, 그러려면 무엇 하러 함께 훠궈를 먹는 것인지

궁금해지기는 한다.

각자 조그만 냄비를 놓고 먹는 1인 훠궈도 있다. 비교적 최근에 생겨난 트렌드인데 훠궈 육수를 마음대로 선택할 수 있는 것이 장점이다. 대형 프랜차이즈의 경우 육수 종류만 열댓 가지에 이른다. 토마토맛, 버섯맛, 해산물맛 육수 등이 있고, 카레맛 육수도 제법 인기 있는 메뉴 가운데 하나다. 매운맛의 강도가 네댓 단계로 구분되어 있다.

솬양러우가 우리나라에 전해져 신선로라는 궁중 음식이 생겨났고, 그것이 일본으로 건너가 샤부샤부라는 상업적 음식으로 거듭났다는 설이 있다. 음식을 놓고 역사적 선후 관계를 따지면서 원조를 자랑하는 것은 어쩌면 허무한 일일 수도 있겠다. 미국에서 시작한 KFC가 한반도로 건너와 한국이 치킨 왕국이 되었고, 이탈리아에서 유래한 피자가 역시 한국으로 건너와 한국이 이탈리아보다 피자 종류가 더 많은 국가가 되었듯 음식은 어떤 나라에 가든 그 나라 국민의 것이 된다. 음식에 절대적 원조가 어디 있고 국경이 어디 있겠나. 맛있게 즐기면 되는 것이다. 물론 김치를 중국 것이라 우기면 꽤 다른 이야기가 되지만.

◇◇◇

샤부샤부 소스를 각자 취향에 따라 만들어 먹는 것처럼 사람은 자신의 선택에 따라 인생을 산다. 사람마다 성향이 다르다. 남들이 하는 방식을 되도록 멀리하면서 자신만의 소스를 만들려 노력하는 사람이 있고, 인터넷을 검색하고 유튜브를 뒤져 가급적 '표준'이나 '유행'을 따라가려 애쓰는 사람이 있다. 어떻게든 평균의 삶을 살아가려는 사람이 있고, 다른 사람과는 좀 다른 삶을 살아보려고 몸부림치는 사람도 있다. 어느 쪽이 정답이라는 기준은 없다.

내 경우는 약간 유별난 쪽을 택하는 성향이라고 볼 수 있겠다. 어차피 정치를 하겠다고 결심한 것 자체가 평범한 삶을 뒤로하고 다른 사람과는 다른 삶의 길을 선택한 사람이라고 볼 수 있다. 그 '다르다'는 것을 '우월'하다거나 '선택'받았다고 착각하는 정치인이 있어 늘 문제이지만 기본적으로 정치인은 그렇다.

사람이 자신을 다른 사람과 다르다고 여기는 것은 긍정과 부정의 양면을 지닌다. 자기 개성을 인식하는 것은 좋은 일이다. 자신이 가진 능력을 공동체의 이익을 위해 쏟아부으려는 자세와 태도 또한 나쁘다고 말할 수 없다. 강조컨대 자신의 개성을 소중히 여기는 만큼 다른 사람의 개성도 존중하면 되는 것이고, 자신의 개성을 특권이나 초능력 정도로 인식하지 않으면 된다. 그렇지 않은 사람들이 더러 있으니 역시 문제다.

개성을 강조하면서도 사회성을 추구하는 것, 그것이 정치의 숙제이기도 하다. 전자에 치우치면 이기주의가 되고 후자에 쏠리면 전체주의가 된다. 이기주의와 전체주의는 극과 극으로 다른 것 같지만 극단주의라는 측면에는 동일성을 갖는다. 무엇이든 극과 극은 통하기 마련이다.

돌아보면 지금껏 내 삶은 남이 하라는 대로 하지 않고 살아오는 데 익숙한 삶이었다. 신념에 따라 살면서도 무엇이 우리 사회 전반을 위해 옳고 이로운 일인가를 돌아보며 살려고 나름대로 노력했다. 갈등하는 양자 사이에서 통합의 노력을 게을리하지 않는 것이 정치인의 철학이자 역할이고 정치인의 인생이 되어야 한다고 생각한다.

초선 의원 때의 일이다. 국회에는 의원 전용 목욕탕이 있다. 국회의원이 된 김에 의원회관에는 어떤 시설들이 있나 궁금해 여기저기 둘러보던 참에 목욕탕이 있길래 들어가 보았다. 한적한 목욕탕에는 사람이 거의 없었다(하기는 300명을 위해

^{지어진 목욕탕이니).} 탕 안에 3선 의원 한 분이 몸을 담그고 계셨다. 꾸벅 고개를 숙이고 옆에 앉았더니 "당선 축하해" 인사를 건네시고는 물끄러미 목욕탕 천장을 바라보며 말씀하셨다. "옷 깃에 단 국회의원 배지를 매일 꼭꼭 조여야 여기 계속 있을 수 있어."

말씀의 뜻인즉 당선된 날부터 재선을 위해 뛰어야 배지를 잃지 않는다는 의미였다. 배지를 남에게 뺏기지 않기 위해 부지런히 노력해야 한다는 뜻이었다. 의정 활동을 열심히 하라는 덕담으로 받아들였지만 그날 이후 나는 의원 배지를 떼고 다녔다. 지금도 특별한 행사가 아니면 옷깃에 배지를 달지 않는다. 배지가 권력(권위가 아니라 권력)의 상징이 되고, 정치적 소신과 융통성을 가로막는 족쇄처럼 느껴지기 때문이다. 선수選數 쌓는 것, 국회의원 배지 다시 다는 것을 목표 삼고 싶지는 않았다.

정치꾼은 당선을 갈구한다. 정치인은 꿈과 현실을 조화시키는 성공을 추구한다. 정치가는 현실보다는 미래의 꿈을 중시한다. 나는 정치가의 길을 걷고 싶다.

민주주의 사회에서 권력은 국민이 위임해 공적인 일을 할 수 있는 힘을 뜻한다. 정치는 권력을 획득해 현실을 고치고 미래를 열어놓는 과정이다. 그럴 때 '무엇을 할 것인가'를 결정하는 것이 생각의 힘이다. 정치인이라면 평소 '생각의 힘'을 키워야 권력이 주어졌을 때 무엇을 할 것인지 곧장 판단할 수 있게 된다. 권력 자체가 나쁜 것은 아니다. 하지만 생각의 힘도 없으면서 권력만 추구하면 정치꾼이 된다. 그럴 때 권력은 폭력이 된다. 한편, 현실 권력을 갖추지 못하면서 생각의 힘만 왕성하면 몽상가가 된다. 나는 생각의 힘을 키우고 국민의 선택을 받아 새로운 시대의 앞길을 개척하는 정치가가 되고 싶다.

◇◇◇

지금껏 국회의원을 하면서 지역 경조사를 열 번도 챙기지 않았다. 모름지기 국회의원이라면 자기 지역구 주민들의 결혼식, 장례식, 회갑연, 칠순 잔치, 돌잔치 등을 빠짐없이 돌아다니는 것이 기본(?)으로 알려져 있다. 주말에는 지역에 살다시피 하면서 결혼식장만 예닐곱 군데를 돌아다니는 부지런한 국회의원도 있다고 한다. 그분들의 바지런함에는 경의를 표하지만 나는 그런 방식으로 지역을 챙기고 민심을 얻고 싶지는 않았다. 더 본질적인 일에 집중해야 하지 않겠나. 경조사를 챙기면서 배지를 꼭꼭 조이는 것보다 지역의 가시적인 변화, 지역민의 삶의 양태가 변하도록 노력하는 것이 국회의원이 할 일이라 여겼다.

"너 그러다 다음 선거에 떨어진다." 경조사를 챙기지 않는 나를 두고 친구들은 걱정하며 말했다. "정치는 그렇게 하는 것이 아니다." 나무라는 선배도 있었다. 하지만 차라리 떨어질지언정 나 나름의 정도를 지키다 떨어지고 싶었다. 나에게 정치를 가르쳐주신 분에게 배운 교훈이기도 했다.

국민이 먹고사는 문제에 집중하자. 특히 내가 정치적 기반으로 삼은 첫 지역구는 우리나라에서도 낙후한 지역으로 알려진 내 고향 마을이었다. 그곳이 먹고살게 해주자. 희망이 보이는 땅으로 만들어보자. 그러면 대한민국 전체도 희망을 얻을 수 있지 않겠나. 내가 그렇게 만들 수 있다. 그런 의지로 뛰어다녔다. 경조사는 챙기지 않았다. 정말 일부러 챙기지 않았다. 하지만 '마을회관에서 가장 많이 잠을 잔 국회의원'으로는 남고 싶었다. 강원도 정선은 약초가 많이 나는 곳이다. 약초를 특산물로 키우자. 당시 '웰빙'이라는 용어가 각광받을 때였다. 편안하고 건강한 휴식을 주제로 정선에 웰빙 테마파크를 만들자. 그런 생각으로 추진한 사업이 '백두대간 약초나라'라는 영농 조합과 약초 정보화 마을을 만든 일이었다. 마을회관에서 여러 번 잤다. 노무현 대통령도 퇴임하고 여름휴가를 그곳에서 보낸 적 있다.

강원도 영월은 포도로 유명하다. 이 포도를 그냥 "사주세요"라고 전국에 홍보하는 방식이 아니라 더욱 업그레이드해서 상품화할 방법은 없을까? 와인을 만들어보자. 마침 우리나라 소비자들 사이에 와인이 조금씩 주목받을 때였다. 다른 나라에서 만드는 와인을 우리라고 만들지 못할까. 그리하여 탄생한 것이 김삿갓포도축제, 영월의 예밀와인이다. 와인 소믈리에를 불러 시음회 열고, 주류 전문 회사를 초청하고, 포도주 만들기 체험 행사 등을 접목했다.

강원도 정선 회동은 메주, 된장, 청국장으로 유명하고, 영월 서면은 낫토로 유명하다. 처음부터 유명했던 것은 아니다. 원래는 지역민들 사이에 이름 있었고, 전국 각지에 택배로 배달해 판매하는 수준이었다. 이것을 브랜드로 만들어 상품화하고, 대규모로 생산해 지역 사업으로 발전시킬 방도는 없을까? 풀무원이나 순창고추장 같은 기업으로 성장시킬 수는 없을까? 식품 전문가, 브랜드 전문가, 기업인, 대학 교수 들을 정선과 영월로 불러 현장을 함께 둘러보고 대안을 모색했다. 그렇게 밤늦은 시간까지 토론하다 마을회관을 숙소로 삼기 일쑤었다.

그렇게 하는 것이 표가 되느냐는 말을 많이 들었다. 그렇게 해보았자 알아주는 사람은 별로 없다, 혹여 사업이 실패하면 오히려 욕만 바가지로 먹게 된다, 그저 경조사나 부지런히 챙기는 것이 정치인에게는 최선이다, 그런 충고의 말을 많이 들었다. 그럼에도 꾸준히 나만의 방식으로 밀고 나갔다. 정치는 암요인심暗邀人心, 어둠 속에 사람의 마음을 찾는 일이다. 정치인은 밤중에 과녁을 향해 화살을 쏘는 궁수와 같다. 맞을지 빗맞을지 알 수 없지만 과녁의 방향이 옳다고 확신하면 꾸준히 그곳을 향해 쏘는 수밖에 없다.

초선 의원 때 일을 하나 더 소개하자. 국회의원에 당선되고 모교인 정선 예미초를 찾아갔다. 예미초가 개교한 이래 탄생한 최초의 국회의원이니 전교생이 얼마나 '자랑스런 선배'로 여겼겠나. 내 얼굴을 보겠다고 학생들이 모두 교문 앞까지 나와 반겼다. 어찌나 고맙고 미안하던지 모른다.

육성회비를 내지 못해 부모님이 학교에 와서 석탄 덩어리를 쪼개야 했었던 친구의 기억이 떠올랐다. 탄광촌의 아픈 역사들도 스쳐 지나갔다. 참으로 사고가 많았다. 한창일 때는 경기가 좋았는데, 폐광이 된 후에 탄광촌은 폐허가 되어 있었다.

"선배님, 공부 열심히 하겠습니다." 교실에 들어갔는데 칠판마다 아이들이 자신의 각오를 써놓았다. 그 문구를 보고 눈시울이 붉어지고 마음속으로 울지 않을 사람이 어디 있을까. '이 아이들을 위해 나는 무엇을 해주어야 할까'를 생각했다. 배우지 못한 부모에게 태어난 아이들도 충분히 배울 수 있게 해주어야 한다. 가난한 집안에서 태어난 아이들도 성공의 꿈을 키울 수 있게 해주자. 최소한 교육 격차로 한숨 쉬는 나라는 만들지 말자. 교육이 기회가 되고 투자가 되는 나라를 만들자. 옷깃에 있는 국회의원 배지는 그런 일을 하라고 국민이 달아준 것이다. 각오를 잃지 않으려 노력했다.

◇◇◇

첫 선거에서 지역구를 돌 때 어느 어르신이 내 손을 꼭 잡고 이런 말씀을 하셨다. "다른 건 필요 없네, 제발 잘살게만 만들어주게." '잘산다'는 말은 현재의 경제적 여건이 나아지도록 만들어달라는 뜻이자 미래에 대한 희망을 가질 수 있도록 만들어달라는 뜻으로 여기면서 오늘까지 정치인의 길을 걷고 있다.

내 지역구였던 태백, 영월, 평창, 정선은 서울 면적의 여덟 배에 이르는 거대한 지역구다. 시군마다 국회의원을 한 명씩 뽑던 시절도 있었으나 인구가 줄면서 지역구가 통합·폐합되었고, 해당 국회의원이 뛰어다녀야 할 지역은 갈수록 넓어졌다. 인구가 줄어든다는 것은 경제가 쇠락한다는 뜻이다. 한때는 석탄 산업 등으로 흥성했지만 점차 기울었고, 이제는 새로운 먹거리를 찾아 나서야 할 때다. 내가 처음 선거에 나섰던 2000년대 초반에는 더욱 그랬다. '강원'이라는 두 글자에서 희망이나 활력의 느낌을 찾기는 어려웠다. 강원은 퇴색하는 이름처럼 들렸다. 어떻게 하면 강원도를 사람이 다시 모이는 땅으로 만들까. 어떻게 하면 내가 태어나 자란 지역에 용기와 자신감의 에너지를 불어넣을 수 있을까. 오로지 그것만 생각했다. "평창에서 올림픽을 열어야겠다"라는 의지를 다지게 된 것도 그 때문이다.

강원도 학생들은 통학 거리가 멀다. 평창만 해도 서울 면적의 두 배가 넘는다. 내가 중고등학교에 다니던 시절 원주에서 유학했던 경험을 떠올렸다. 어머니가 콩 갈아 두부 만든 돈으로 유학 경비를 대주던 때의 눈물을 돌아보았다. 학생들에게 기숙사를 만들어주자. 통학 거리가 멀어 부모와 떨어져 사는 것은 어쩔 수 없다 하더라도 최소한 낙후한 지역민이라는 서러움은 느끼지 않도록 만들어주자. 나라의 혜택을 받으며 성장했고, 그 혜택을 공동체에 되돌려주겠다는 생각이 들도록 만들어주자.

학교에 기숙사를 짓는 한편으로 학교마다 컴퓨터를 교체해주었다. 대기업에서 사용하는 컴퓨터는 고사양이고 아직 쓸 만한데도 기업 내부 규정에 따라 정기적으로 교체하게 되어 있다. 그것을 버리지 않고 말끔히 수리해 학생들이 사용할 수 있도록 하면 서로에게 이익 아니겠는가. 기업과 학교를 일대일로 연결하는 사업을 시작했다.

조금 거창한 이야기이지만 "이광재가 다녀가기 전과 다녀간 후의 학교는 다르다"는 말이 나올 수 있도록 만들자는 각오로 뛰었다. 모름지기 정치인이라면 거창한 목표도 세울 줄 알아야 한다. 지자체 수입의 10퍼센트를 학교에 보내는 조례를 제정하는 운동을 벌였다. 예산을 뺏기는 일이니 시장과 군수들은 반대했지만 학부모와 학교장을 설득했다. 나중에는 도내 전체 지자체가 조례를 만들었다. 강원도 학생들의 진학 성적이 갈수록 좋아졌다. 교육은 투자이고 기회다. 평창에 서울대 캠퍼스를 유치할 수 있도록 노력했다. 당시 서울대 총장이 정운찬 교수였다. 1995년 조순 부총리가 서울시장에 나설 때 내가 선대위 기획실장을 맡았던 적이 있다. 서울시장 선거에 민주당이 이길 수 있을 것이라 아무도 자신하지 않던 때에 조순 부총리를 초대 민선 서울시장으로 만드는 데 일조했다. 그때 자발적으로 모여든 선거 자원봉사단이 화제였는데, 정운찬 교수가 자원봉사단장이었다. 그런 인연으로 정운찬 총장을 설득할 수 있었다. 농민이 흙 묻은 농산물만 팔아서는 잘 살 수 없다. 농축산임업을 학문 연구와 결합하고 상업적 브랜드를 만들어야 한다. 그러려면 산학 협력의 중심축으로 대학이 들어와야 한다. 일종의 대학 도시를 만들어 시산학市産學이라는 개념으로 성장해야 한다고 간곡히 설득했다. 정 총장은 "중매인이 좋으니 믿고 추진한다"라는 유쾌한 말씀으로 화답했다. 그렇게 서울대 평창 캠퍼스가 생겨났다.

이러고 보니 '이광재는 이토록 많은 일을 했다'는 기나긴 자기 자랑밖에 되지 않지만 나름대로 열심히 노력하면서 정치인의 길을 걸어왔다(이 모든 일을 혼자 다 이루었다고 자랑하려는 것은 아니다. 여러 사람의 노력과 헌신 가운데 하나하나 성과가 이루어졌다고 생각한다). 나는 정치인 이광재가 아니라 '경제인' 이광재가 되기 위해 노력했다. '정치 경제인' 이광재라는 말을 듣기 위해 동분서주했다. 학생 운동을 했다는 경력 때문에 이데올로기의 그늘에 갇혀 있을 것이라는 오해를 받을 때가 많았는데, 허황된 이념주의자가 아니라 실용주의자라는 말을 듣기 위해 몸부림치며 살아왔다. '질투는 나의 힘'이라고, 누구든 콤플렉스를 이겨내고 항간의 오해와 불신을 극복하는 과정에 새로운 경쟁력이 생겨나는 법이다.

도시도 그렇지만 시골 경로당에 가보면 할머니 할아버지들의 형편이 상당히 곤궁하다. '경로당 지원 특별법'을 만들어 경로당에 난방비 등을 지원하겠다고 약속했다(나중에 각 지자체가 '경로당 운영 및 시설 지원 조례'를 만드는 효시가 되었다). 각급 학교에 전기료를 인하하는 조치도 처음 실행했다. 지역구는 표밭이 아니라 일터라는 생각으로 임했다.

경조사를 챙기지 않는 국회의원이니 재선이 힘들 것이라고 정치권에서 수군거렸지만 나는 다음 총선에 다시 당선되었다. 전반적인 정치 상황이 우리 당에 불리한 국면이었는데도 살아남았다. 재선의 기쁨보다 감사함의 마음이 컸다. 경

아홉 번째 맛

조사에 들르지 않는다고 섭섭하게 생각지 않고 마을회관에서 먹고 자는 '넉살'을 이해해준 지역 유권자들에게 감사하는 마음을 가졌다. 김대중 대통령은 디지털 벤처를 통해 IT 시대를 열었다. 노무현 대통령은 정치 벤처를 통해 참여 시대를 열었다. 20년이 지난 지금, 다시 한 번 디지털 벤처, 정치 벤처의 대혁명이 일어나야 하지 않을까.

✿✿✿

정치인에게 중요한 덕목이 무엇이냐는 질문을 종종 듣는다. 나는 성실성과 창의성을 강조한다. 세파에 동요하지 않고 꾸준히 자신의 길을 걷는 성실함이 중요하고, 소년 같은 호기심이 있어야 한다. 유치하다 싶을 정도로 창의적 발상에 넘쳐야 한다. 정치라는 영역 자체가 좀 엄숙한 측면이 있다. 그렇다고 정치인의 사고까지 엄숙해지면 일단 행정 조직이 경직되고 사회 전반적으로 활력을 잃는다. 정치인의 행동과 발언은 진중하되 생각과 사고는 거침없이 깨어 있어야 한다.

나는 최근 '교육판 넷플릭스'라는 용어를 자주 사용한다. 누구나 쉽게 접근할 수 있고 취향에 따라 재미있게 골라

볼 수 있는 넷플릭스처럼, 누구나 쉽게 이용 가능한 디지털·영상 교육 콘텐츠를 정부 차원에서 만들어 국민에게 보급해야 한다는 뜻이다. 영화나 드라마는 상업주의 기반 위에 자본을 끌어모아 높은 수준의 콘텐츠를 만들 수 있지만 교육 분야는 '공공'이라는 개념이 투입되지 않으면 입시나 취업 위주 콘텐츠 위주로만 흐르기 쉽다. 교육 수준이 유지되어 국가가 항구적으로 발전하려면 교육에 국가 재정을 대폭 투입하는 수밖에 없다. 교육판 넷플릭스 같은 대안 모델에 공공 투자를 해야 하는 것이다. 가시적인 성과가 바로 드러나는 분야가 아니기 때문에 정치인들은 교육에 대한 투자를 게을리한다. 그래서 우리나라 교육이 사교육으로만 왕성하게 되었다. 사실 교육 분야는 그리 많은 국가 재정을 쏟아붓지 않고도 큰 성과를 거둘 수 있는 분야다. 투입 대비 성과를 생각하면 그렇다. 인재를 키우는 일에 어찌 돈을 아낄 수 있겠나. 교육이 살아야 미래가 산다.

이런 이야기를 할 때면 나는 늘 《동아전과》 이야기를 함께 꺼낸다. 내가 자라던 시절에는 《동아전과》라는 참고서가 있었다. 이 전과를 갖고 있느냐 갖고 있지 못하느냐에 따라 성적 차이가 났다. 평준화되어 있는 교육 시스템이었는데도 그랬다. 그 시절, 전과를 가지고 있는 아이들이 어쩌나 부러웠던지 모른다. 지금은 소득 양극화가 심해졌다. 양질의 고급 과외를 받으면서 어렸을 때부터 '성적 코칭'을 받을 수 있느냐 없느냐에 따라 교육 수준과 부의 대물림 현상이 심화되는 중이다. 앞으로 10~20년만 이런 현상이 지속되면 계급 고착은 더욱 심화될 것이고, 사회 갈등과 분열의 주요 원인이 될 것이다. 이미 그러한 전조 현상이 보이는 중이다. 지금 우리가 이것을 간과하면서 내버려두느냐, 심각한 문제로 인식하면서 해결을 모색하느냐에 따라 대한민국의 미래가 달라질 것이다. 우리 후손들이 사는 형편이 달라질 것이다. 지금 이 책을 읽고 있는 독자들의 노후가 달라질 것이다.

따라서 '교육판 넷플릭스'라는 용어를 사용하면서 교육 혁신의 필요성을 목 놓아 강조하는데, 동료 정치인들은 "교육판 넷플릭스,《동아전과》이야기 좀 제발 그만하라"라고 웃으며 핀잔한다. 그들 시선에는 다소 엉뚱하게 들리는가 보다. 내가 하도 지겹게 이야기하는 탓도 있을 것이다. 어찌 되었든 그래도, 남들이 엉뚱하다고 여길수록 더욱 자신 있게 이야기해서 사회적 담론으로 형성될 수 있도록 노력하는 것이 정치인의 자세다.

교육판 넷플릭스를 만들어보겠다고 공무원과 국회의원들을 설득했는데 어려운 점이 많았다. 교육 정책의 의사 결정자들은 대부분 나이가 지긋하신 분들이다. 아이들을 이미 대학에 보냈고 결혼까지 시켰다. 보통 자기 아이들이 해당 학령에 있으면 정책 분야에 대한 관심이 높지만 '자기 일'이 아니라고 생각하는 순간 절실함이 떨어지고 매너리즘적으로 흐르는 경향이 있다(물론 모든 공무원이 그렇다는 말은 아니다). 또한 고위직 공무원 중에서는 비교적 풍족한 집안에서 태어나 학창 시절 공부를 잘했고 국가 고시까지 무난히 합격한, 평생 모범생의 길을 걸어온 분들이 많다. 가난한 집안에서 태어나 복잡한 환경 속에 자랐고 공부를 못하는 아이들의 인생에 대해서는 잘 모르는 경향이 더러 있다. 그저 "어쩔 수 없는 일"이라거나, "자기들이 노력을 안 해서 그러는 것인데 정부가 무엇을 어쩌라는 것이냐"라는 식으로 시니컬하게 반응하는 경우마저 있다. 설득하기 참 어렵다.

정책을 구상하고 그것을 현실에 옮기기 위해 뛰어다니다 보면 우리 사회의 이런저런 문제와 모순을 숱하게 마주하게 된다. 그에 주눅 들지 않고, 지나치게 분노하거나 감정에 휩쓸리지 않으면서 묵묵히 목표를 향해 나아가는 성실성이 정치인의 덕목이다.

'지방 소멸'이 화제다. 지방대 졸업자들은 취업이 안 된다고 아우성이고, 지방 기업은 사람을 구하지 못하고 있다고 아우성이다. 지극한 모순으로 보인다. 지방에서 사람을 구해 어느 정도 업무를 가르쳐놓으면 서울로 간다. 왜 서울로 가는 것일까. 지방에 있는 기업은 임금이 상대적으로 박하고, 지방에 있는 공장과 산업 시설은 낙후했고, 주거, 의료, 교육, 문화 인프라도 지방이 수도권에 뒤처지기 때문이다. 그러니 수도권 과밀 현상이 심각하고, 해결의 기미는 보이지 않은 채 갈수록 심화되는 중이다. 이 문제를 풀기 위해서는 국가 차원의 파격적인 대책이 필요하다. 온갖 창의성을 쏟아부어 할 수 있는 노력은 다 해보아야 한다. 지금 정치권과 행정부를 보면 지나치게 무사안일한 것 아닌가 하는 걱정과 회의감이 든다.

이 문제를 해결하기 위해 나는 '시산학'의 개념을 이야기한다. 단순한 산학 협력뿐 아니라 이참에 도시 혁명을 추구해야 한다고 말한다. 미국 스탠퍼드대, 중국 청화대의 경험을 이야기한다. 구글, 애플, 아마존, 이스라엘, 네덜란드, 싱가포르의 사례를 소개한다. 중소 도시라도 세계적인 도시에는 세계적인 대학이 있더라. 네덜란드 바헤닝언의 사례를 들어

설명한다. 농업으로 전문화된 세계적인 대학을 도시의 중심에 두면서 식품 하나만으로 연간 75조 원의 매출을 올리고 있는 바헤닝언의 성공 사례 말이다. 그 도시의 인구가 4만 명 정도다.

지식이 있어야 비즈니스가 생겨나는 법이다. 의사가 과학자가 되어 '수술 로봇'을 만들 수 있는 국가가 되어야 한다. 스탠퍼드대에 가보니 학생 대부분이 학교 안에 살더라. 내가 칭화대에 2년 반 정도 있었는데 거기도 대학 안에 호텔이 두 개 있고 대형 식당이 있으며, 교수와 학생 아파트 동이 각각 갖추어져 있다. 우리도 그러한 대학 도시를 만들자. 그것이 지방이 살아남을 수 있는 여러 방편 가운데 하나다.

대학 안에 고도 제한을 풀자. 대학 안에 기업이 들어갈 수 있도록 하자. 지금은 벤처 기업만 대학에 들어갈 수 있는데 어떤 기업이든 대학에 들어갈 수 있도록 허용해주고, 기업이 대학을(반대로 대학이 기업을) 품을 수 있도록 하자. 기업과 대학이 한 몸이 되면 기업 입장에서는 인력을 구하기 쉬워지고 학생 입장에서는 취직이 쉬워진다. 우리나라 종합 대학은 면적이 넓다. 그 넓은 공간을 효율적으로 활용하지 못하는 형편이다. 거기에 주거 시설을 세우고, 학생은 물론 일반인도 살 수 있도

록 해주자. 대학이 주택 임대 사업도 할 수 있도록 하는 것이
다. 대학과 도시가 한 몸이 되어야 한다. 그러자 정책의 '모델'
이 될 수 있는 도시가 만들어져야 할 것이다. 나는 강원도 원
주시를 모델로 만들기 위해 '혁신·기업 도시 발전 5법'을 대표
발의했다.

◇◇◇

낯 두껍게 내 자랑을 하려는 것이 아니다. 이상을 현실
에 옮겨놓는 것이 정치인의 주된 사명이다. 어떤 이상이든 처
음에는 엉뚱하다는 평가를 듣기 마련이다. 박한 평가에 주눅
들거나 섭섭해하지 말아야 한다. 옳다고 생각했으면 끝까지
밀고 나가는 추진력이 필요하다.

샤부샤부 이야기를 하다가 여기까지 왔다. 냉장고에 들
어 있는 온갖 재료들을 아낌없이 꺼내 말끔히 비워내는 샤부
샤부처럼, 정치에도 창의성과 과단성이 요구된다. 자기만의
소스를 만들 줄 아는 개성 또한 필요하다. 개인이 수많은 채소
와 고기를 준비할 수는 없으니 일정한 입장료만 내면 마음껏
음식을 만끽할 수 있도록 해주는 샤부샤부 전문점의 '규모의

경제' '효용의 경제' 원리도 국가를 이끌어가는 데 있어 참고할 대목이다. 그것이 국가의 역할이다.

앞에서 예미초 이야기를 했다. 칠판에 "선배님, 공부 열심히 하겠습니다"라고 단정히 써놓았던 가슴 따뜻한 아이들 이야기 말이다. 그 아이들의 후일담을 소개하는 것으로 이번 장을 마쳐야겠다.

그로부터 몇 년 뒤, 신문과 방송을 크게 장식하는 화제의 학교가 탄생했다. "강원도 폐광촌의 초미니 학교 어린이들이 영어 말하기 전국 대회에서 대상, 최고상을 휩쓸고 있다"라는 보도가 연일 이어졌다. 여기서 '폐광촌의 초미니 학교'가 예미초다.

한국지역난방공사가 영어 교육, 과학 학습, 문화 체험, 컴퓨터 기증 등 예미초의 교육 환경 개선 사업을 지원했다. 특히 영어 교육을 위해 원어민 교사를 지원해 주 1회 회화 수업을 진행했고, 매년 예미초 학생들을 대상으로 한국지역난방공사 사장배 영어 말하기 대회를 열어 입상자에게 해외 연수기회까지 제공했다. 한때 폐교 위기에 놓였던 예미초는 신입생이 늘어나는 '특이한' 시골 학교 가운데 하나가 되었다. 예미초 재학 중에 전국 영어 대회 입상을 휩쓸며 '제2의 반기문'

이라는 별명을 얻은 학생도 있다. 아이비리그 연수 기회를 얻었고, 반듯하게 자라 대학에 들어갔다. 그 학생이 이광재에 비할 바 없이 유명한 예미초 졸업생이 될 것이라 믿어 의심치 않는다. 제2, 제3의 '예미초 영재'가 탄생할 것이다.

투자가 인재를 만든다. 기회의 사다리를 잃어버린 아이들에게 기회의 문을 열어주는 것이 국가가 할 일이다. 지방도 부흥할 기회를 열어주어야 한다. 좀 지나치다 싶을 정도로 파격적인 지방 부흥 대책을 내놓지 않고서는 수도권 과밀과 각종 양극화 현상을 해결할 수 없다. 전환할 것인가, 추락할 것인가. 지금 우리는 중대한 갈림길에 서 있다.

열 번째 맛
...

**세상은 흑과 백이
아니다**
열무김치

열무김치는 잘 만드는 반찬 가운데 하나다. 열무김치를 잘못 담그면 김치에서 풋내가 난다. 풋내가 나지 않도록 담그는 것 하나만으로 "열무김치 잘 담근다"라는 말을 듣는다. 풋내가 나지 않게 하려면 무엇보다 풋내가 나는 이유를 알아야 한다. 열무에서 풋내가 나는 이유는 이파리가 상처 입을 때 쏟아내는 휘발성 물질 때문이다. 식물을 꺾으면 특정한 향을 쏟아낸다. 그것은 '나를 꺾지 마세요'라는 경고의 뜻이자 다른 식물들에게 '너는 더 강해져라'고 남기는 유언(?)이기도 할 것이다. 열무는 다른 채소보다 휘발성 물질을 많이 쏟아내는 식물이다. 열무가 유독 그러한 이유는 뒤에 다시 이야기하자.

따라서 열무김치에서 풋내가 나지 않게 하려면, 김치를 담글 때 열무를 살살 다루어야 한다. 이파리가 꺾이지 않도록 해야 한다. 특히 열무를 씻고 소금에 절일 때 조심해야 한다. 너무 세게 주무르거나 박박 문지르면 열무가 상처를 입기 마련이고, 그렇다고 그냥 가볍게 씻으면 께름칙한 느낌이다. 적당히, 상처 입지 않도록, 조심히 다루는 것이 비법 아닌 비법이다. 요령이 있다. 열무에 소금을 직접 뿌려 절이는 것이 아니라 소금물에 담그는 것이다. 그러면 골고루 절여지고 상처도 덜 입게 된다.

그렇게 소금물에 절인 열무는 박박 문질러주어야 한다. 앞에서는 박박 문지르지 말라고 해놓고 왜 여기서는 바뀌었냐면, 이미 절인 열무에서는 풋내가 나지 않기 때문이다. 순응했으니, 이제 김치로서 제 역할을 하도록 만들어주면 된다.

열무는 줄기가 뻣뻣하다. 줄기 부분은 더욱 박박 문질러 부드럽게 만들어준다. 줄기의 아삭한 식감을 좋아하는 사람은 강도를 조절하면 된다. 뒤적뒤적하면서 취향에 맞게 주물러주면 김치를 담그기에 적당한 상태의 열무가 된다.

그렇게 준비 끝낸 열무에 물을 붓고 숙성만 시켜주면 끝. 열무김치처럼 쉽고 간단한 요리도 없다(그러고 보니 이 책에서는 웬만한 요리를 다 쉽고 간단하다고 표현했다). 열무김치에 보통 고춧가루를 넣는다. 그것도 좋지만 물고추를 넣으면 매콤하고 상큼한 맛

열 번째 맛

이 난다. 고춧가루를 넣은 김치 특유의 텁텁함이 사라진다. 막딴 상태의 고추를 물고추(풋고추)라고 한다. 알다시피 고추는 푸른색이었다가 익으면 붉은색이 된다. 홍고추를 말린 것을 건고추라 하고, 건고추를 빻은 것이 고춧가루다. 그런 물고추를 열무김치에 넣는다고 하면 신기하게 생각할 사람들이 많겠지만 한번 도전해보시라. 물고추 중에서도 청양고추를 넣으면 매운맛을 살린 열무김치가 된다. 고추를 통으로 넣으면 매운맛을 제대로 낼 수 없기에 믹서로 갈아 '물고추즙'을 넣는다고 생각하면 된다. 이때 마늘, 양파 등을 함께 갈아 넣으면 더 좋다. 바로 먹어도 맛있고, 냉장 보관했다가 며칠 후 먹으면 열무에서 맛이 우러나 더욱 맛있다.

열무김치는 국물이 있는 김치이다 보니 국거리가 없을 때 대용으로 괜찮다. 여름에 열무국수를 많이 먹는데, 열무김치 국물에 소면을 삶아 넣으면 그것이 열무국수다. 국물 빼고 열무만 건져 소면을 얹고 고추장 한 숟가락 퍼서 비벼 먹으면 열무비빔국수가 된다. 소면 대신 밥에 비비면 열무비빔밥이 되고, 냉면을 넣으면 열무냉면이 된다. 열무김치는 만능 김치다. 무엇과도 잘 어울린다. '여름' 하면 떠오르는 김치다.

○○○

    '어린 무'를 줄여서 불러 '열무'가 되었다. 어린 무를 우리는 열무김치로 먹는 것이다. 그렇다고 어린 무를 인정머리 ⑵ 없이 뽑은 것이 아니라, 열무김치용으로 특별히 개량된 종자가 있다. 무는 자라지 않고 줄기만 올라온다. 열무에서 유난히 풋내가 많이 나는 이유는 바로 그러한 배경 때문일 것이다. 살려고 애쓰는 어린 생명체의 외침이라고 할까. 이렇게 생각하면 열무김치를 먹기가 왠지 미안해진다. 어쩌겠는가. 인간을 위해 개량된 품종을 먹고, 더 열심히, 인간답게 살아야지. 요리를 하고 식재료를 다루면서 우리가 가슴 한구석에 조용히 담아두어야 할 마음가짐 아닐까 싶다.

    열무는 일반 무에서 잘라낸 줄기인 무청과는 다르다. 무청보다 부드럽다. 그래서 열무 줄기를 데쳐 나물처럼 무침으로 먹기도 한다. 열무 줄기는 된장국에 넣어 먹어도 맛있다. 물김치로 담그지 않고 그냥 겉절이로 먹어도 맛있다. 열무야, 고맙다.

                                           열 번째 맛

◇◇◇

열무김치와 함께 내가 잘 만드는 반찬은 오이소박이. 오이소박이를 잘 만든다고 하면 "그것도 할 줄 아세요?"라고 놀라 묻는 분들이 계시는데, 그럴 땐 약간 어깨가 으쓱해진다. '그리 대단한 요리는 아닌데' 하면서 마음속으로 회심의 미소를 짓기도 한다.

오이소박이의 핵심은 오이를 아삭하게 유지하는 것이다. 비결은 아주 간단하다. 많은 사람들이 알고 있는 비법이지만 오이를 절일 때 소금을 직접 뿌려 절이는 것이 아니라, 뜨거운 소금물을 부으면 된다. 뜨거운 소금물을 부으면 오이가 흐물흐물해지거나 익어버릴 것 같지만 전혀 그렇지 않다. 오이가 오히려 단단해진다. 왜 그럴까? 원리를 알면 역시 간단하다. 기본적으로는 삼투압 현상 때문이다. 삼투압은 농도가 낮은 쪽에서 높은 쪽으로 용매가 옮겨가는 과정을 통해 나타나는 압력이다. 뜨거운 소금물을 오이에 부으면, 오이 안에 있던 수분이 빠르게 빠져나온다. 오이가 아삭해진다. 튀김이 바삭거리는 원리를 떠올려도 좋다. 튀김이 바삭거리는 이유는 재료 안의 수분이 뜨거운 기름과 만나 순식간에 증발하기 때

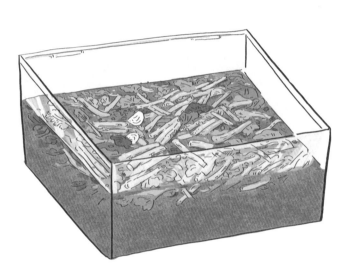

문이다. 수분이 증발하면서 튀김옷에 공간이 생긴다. 이를 다공질 구조라고 부른다. 다공질 구조가 자연 상태에 없는 바삭한 질감을 만들어내는 것이다.

뜨거운 소금물에 절인 오이는 양념에 무치기 전에 수분을 최대한 빼주는 것이 좋다. 내가 어렸을 때 어머니는 무명천으로 꾹꾹 눌러 오이의 수분을 없앴다. 요즘에는 키친타월을 이용할 수 있으니 편하다. 오이소박이를 만들 때 십자 형태로 오이에 칼집을 내는데, 칼집 낸 부분을 밑으로 해서 오이를 세워놓으면 수분이 잘 빠져나가기도 한다. 절인 오이에 돌덩이같이 무거운 물체를 올려 수분을 빼내는 사람도 본 적 있다. 아무튼 각자의 방식이지만 원리는 똑같다. 오이의 수분을 최대한 제거하려는 갖은 노력이다. 아삭한 식감의 오이소박이를 오래 맛볼 수 있다.

이참에 말하자면 김치에서 나는 군내도 원리를 알면 예방할 수 있다.

김치에서 군내가 나는 이유는 김치의 건강한 발효를 돕는 젖산균이 아니라 부패를 일으키는 일반 세균이 번식했기 때문이다. 일반 세균의 번식을 막으려면 공기와의 접촉을 최소화해야 한다. 김치를 밀봉된 용기에 넣어 먹을 만큼만 꺼내 먹어야 하는 이유는 거기에 있다. 옛날에는 김장독에 김치를 넣을 때, 맨 위에 배추 우거지를 덮고 돌로 눌러놓았다. 우리 조상들이 젖산균과 일반 세균의 차이에 대해서는 잘 몰랐겠지만 어떻게 하면 맛있는 김치가 유지될 수 있는지는 경험으로 깨닫고 있었다.

◇◇◇

지금껏 줄곧 내 인생을 회고하며 이야기를 풀었으니 마지막도 그렇게 매듭짓는 것이 좋겠다. 굳이 내세울 부분이 아니라서 그동안 언론에는 거의 공개하지 않았던 사실인데, 나는 원래 법학과가 아니라 화학공학과에 입학했다. 나중에 학과를 옮긴 것이다. 태생⑦을 말하자면 문과가 아니라 이과다. 그것도 흔히 말하는 공돌이. 화학자가 되고 싶었다. 촉매를 이용해 특정한 물질을 다른 물질로 거듭나게 만들 수 있다는 사실이 신기했다. 중세에 태어났다면 나는 연금술사가 되지 않았을까? 이 촉매라는 존재가 참 신비하고 놀라웠는데, 암모니아를 질소로부터 만들어낸다는 말을 듣고는 전율을 느낄 정도였다.

열 번째 맛

19세기 말에 인구가 폭발적으로 증가하자 농업에 필수적으로 필요한 질소 화합물에 대한 수요도 폭증했다. 그런데 그때까지 질소 화합물은 칠레산 초석에서만 얻을 수 있었고 인공적으로 생산할 방법이 마땅치 않았다. 숱한 과학자들이 암모니아 제조 실험을 거듭했지만 매번 실패로 끝났다. 성공했더라도 조건이 까다롭고 비용이 너무 많이 들었다. 그때 독일 과학자 프리츠 하버라는 사람이 철을 촉매로 사용해 질소와 수소로부터 암모니아를 합성하는 데 성공했다. 하버는 비료 회사와 합작해 하루 20만 톤석 암모니아를 생산할 수 있는 설비를 갖추었고, 인류의 식량 문제를 해결한 위대한 과학자라는 칭송의 말을 듣게 되었다. 하버는 돈방석 위에 앉았다. 대기 속에 80퍼센트를 차지하는 원소를 이용해 만든 것이니 그야말로 '공기로 돈을 번' 셈이다.

　　하지만 하버는 원자폭탄 개발자로 유명한 오펜하이머와 함께 과학이 지닌 빛과 어두움을 모두 보여준 과학자이기도 하다. 1차 세계대전이 발발하자 하버는 암모니아 합성법을 응용해 화약의 원료를 손쉽게 뽑아냈고, 다량의 총탄을 만들었다. 급기야 염소 가스를 합성하는 방법을 개발해 '독가스의 아버지'라는 칭호를 얻었고 1급 전범으로 쫓기다 스위스의 작은 호텔 방에서 쓸쓸한 최후를 맞았다.

어찌 되었든 화학이 세상을 바꿀 수 있다는 사실에 나는 큰 매력을 느꼈던 것 같다. 자연과학 대학이 아니라 공과 대학에 가고 싶었고, 숱한 학과 중에 주저 없이 화학공학과를 택했다. 하지만 내가 공대를 택한 이유는 따로 있었다.

충격적인 기억이 있다. 내가 초등학교에 다닐 때 일이다. 집안의 친척 형님이 육군사관학교에 합격했다. 당시는 육사 합격증을 출세의 보증 수표처럼 여겼다. 마을에서 육사 입학생을 배출하면 큰 영광이고 경사인지라, 동구에 자랑스레 플래카드를 걸기도 했다. 그런데 며칠 뒤 큰집에 놀러 갔더니 사촌형이 아궁이에 책을 던져넣고 있는 것 아닌가. 너무 놀랐다. 책을 불태우는 행위가 당시 나로서는 가히 상상도 되지 않는 일이었다. 형은 말없이 눈물을 뚝뚝 흘리면서 책을 찢어 불태우고 있었다. 어린 나이였는데도 무슨 심각한 일이 일어난 것이라 쉬이 짐작할 수 있었다.

우리 아버지가 공무원인데 승진이 안 되고 일용직 언저리만 맴돌았던 이유를 그때 알 수 있었다. 아버지가 공무원이면서도 동네 사람들에게 잘 보이기 위해 술을 사주며 노력했던 이유 또한 그때야 짐작할 수 있었다. 어머니가 군수 자식들에게 젖을 물리면서까지 윗사람에게 밉보이지 않기 위해 노력했던 이유도 알 수 있었다. 모든 비밀의 조각이 맞추어지는 느낌이었다.

우리 할아버지는 3형제 가운데 둘째다. 증조부가 재산이 좀 있는 분이었는데, 그래서 할아버지 형제의 자식들 중 몇 분이 대학에 다녔는가 보다. 공부하라고 서울에 유학 보냈더니 일부가 좌익이 되었다. 8년 옥살이를 하고 나온 분이 계시고, 1953년에 체포되어 1984년에 풀려난 분도 계셨다. 그러는 동안 집안은 풍비박산이 났다.

우리 할아버지는 대학 문턱도 밟아보지 못한 분이지만 6·25 전쟁 시절에 경찰서에 끌려가 영문도 모른 채 조사를 받았다. 밤새 만신창이가 되도록 얻어맞았다. 반주검이 된 할아버지를 경찰이 면사무소 앞에 버려놓고 가면 아무도 도와주는 사람이 없었다고 한다. 빨갱이 가족을 도와주었다는 이유로 화를 입을 수 있기 때문이다. 당시 열 살 남짓 되었던 우리 아버지 형제들이 할머니를 도와서 할아버지를 모시고 돌아왔다. 상처가 나을 만하면 끌려가고, 얻어맞고, 다시 끌려가고, 또 얻어맞고…. 그런 시대가 있었다. 연좌제라는 악행이 당당하게 자행되던 암흑의 시대였다. 공부를 아무리 잘해 육사에 합격해도 일가친척 가운데 좌익분자가 있으면 신원 조회에 걸려 불합격 처리되던 시대였다. 좌경용공의 가족이라는 이유로 아무런 이유 없이 경찰서에 끌려가 두들겨 맞고 돌아오던 시대였다. 그래서 나는 문과에 가지 않겠다고 다짐했다. 문과에 가도 내 인생에는 희망이 없을 것으로 판단했다. 공대생이 되기로 마음먹은 이유 가운데 하나다. 물론 나중에 책을 읽고, 진보 인사들과 접촉하고, 광주의 소식을 알면서 심각한 내적 갈등을 겪기는 했지만.

◌◌◌

20세기는 그야말로 야만의 시대였다. 이데올로기의 시대였다. 돌아보면 사회주의는 빈틈이 많은 이론이었다. 생산 수단을 공동으로 소유하고 생산한 결과를 똑같이 나누어 가지면 과연 평등한 사회가 실현될까? 비판받아 마땅한 이론이다. 하지만 또 한편으로는, 그런 허술한 이론이 왜 인류 사회에 열광적인 지지를 얻고 순식간에 대륙을 휩쓸어 지구의 절반이 사회주의 진영으로 포섭되었는지 반성하며 돌아볼 일이다. 공산주의자들의 선전 선동에 그저 현혹되었던 것만은 아니다. 민초의 삶이 그만큼 각박했다. 그들의 삶을 개선하지 않으면 몽상적 이념의 유혹은 계속될 것이다.

1980년대 우리나라 학생 운동권을 휩쓸었던 반미주의에 대해서도 비판적인 견해가 많지만 한편으로는 그 역시 무조건 부정적으로만 볼 것인가 싶기도 하다. 물론 나는 반미주의에는 동의하지 않는다. 대학 시절이나 지금이나 그렇다. 그래도 어찌 되었든 '의미'를 되짚어보려고는 한다. 오랜 기간 숭배의 대상으로만 여겼던 미국을 객관적으로 볼 수 있게 해주고, 미국이 한없이 선량한 국가만은 아니라는 사실을 인식하게 만들어주었다는 데 작은 의의를 두고 싶다. 미국은 기본적으로 자기 이익을 좇는 국가다. 미국도 '국가'이기 때문이다.

나는 1992년에 결혼했다. 1993년에 뒤늦은 신혼여행을 다녀왔다. 행선지는 미국이었다. 한 달 동안 미국 곳곳을 여행했다. 돈이 많아 미국으로 신혼여행을 갔던 것이 아니라 동서네 부부가 텍사스주, 처남네는 일리노이주에 살고 있었기 때문에 항공료만 있으면 체류에 큰돈이 들지 않았다. 장인, 장모, 우리 부부, 동서네, 처남네까지 대가족이 밴을 빌려 대륙을 여행했다. 그때 많은 것을 보고 배우고 느꼈다.

뉴욕에 갔을 때 이런 생각을 했다. '내가 학생 운동만 아니었으면 여기서 인생의 승부를 보았을 텐데!' 굴지의 기업이 모이는 세계 경제 중심지 뉴욕에서 당당히 승부를 겨루어보고 싶었다. 대학 시절 로터리클럽에서 아르바이트할 때, 클럽 회원분들이 나에게 유학을 권했다. 그때는 자세한 사정은 설명하지 못하고 "제게 긴히 할 일이 있습니다"라고 거절했는데, 나중에 감옥에 갔다 나오니 "너 같은 애가 데모를 할 줄은 몰랐다"라면서 회원분들이 깜짝 놀랐다. '데모를 할 만한 애'가 따로 정해져 있는 것은 아니지 않은가(물론 위트를 섞어 하는 말이다).

돌아보면 미국이라는 나라가 참 대단한 나라인 것은 사실이다. 건국 이전에는 멕시코나 아르헨티나보다 못살던 지역이 지금의 미국 땅이다. 유럽에서 가져온 것들로 국가의 기틀을 만들었다. 프랑스 사람 몽테스키외가 주창한 권력 분립 이론, 프랑스 사람 루소가 만든 사회계약론, 잉글랜드 사람 존 스튜어트 밀이 남긴 자유론, 스코틀랜드 사람 애덤 스미스가 만든 국부론 등이 모두 유럽에서 나온 것 아닌가.

건국의 아버지들이 모여 토론했다. 인류 역사에서 상상에 불과했던 것들을 이 땅에서 실현해보자. 국민이 직접 왕을 뽑자. 대신 임기를 두자. 연방은 연방이되 왕이 통치하는 영역으로서의 연방이 아니라 각 지역에 자치권을 주면서 단결하는 신개념 연방 국가를 만들자. 그렇게 해서 탄생한 것이 '대통령'이라는 제도, '미합중국'이라는 국가다. 미국 건국의 아버지들은 참으로 대단한 정치적 창의성을 발휘한 것이다. 당시에는 엉뚱한 발상이라고 손가락질했던 사람도 있었을 것이다.

독립 전쟁이 끝나고 여러 주가 빚더미에 올라앉았다. 그때 미국 재무장관 알렉산더 해밀턴은 각 주의 빚들을 통합해 연방 국채라는 개념을 만들었다. 빚을 함께 떠안음으로써 미국을 느슨한 연합 국가가 아니라 강력한 연방 국가로 업그레이드한 것이다. 빚이라는 것은 서로 떠넘기기 십상인데 그것을 함께 떠안는다는 일종의 역발상을 한 것이다. 위기를 오히려 기회로 만드는 발상이었다.

미국 건국의 아버지들은 금융 권력이 생겨날 것을 우려해 연방은행 설립에 반대했다. 해밀턴만이 유일하게 연방은행 설립을 강조한 인물이기도 하다. 해밀턴의 꿈은 그가 죽고 120년 후에 이루어졌다. 워싱턴이 정치로 미국의 기초를 닦은 사람이라면, 해밀턴은 경제로 미국의 기틀을 마련한 사람이다. 현재 미국 10달러 지폐에 그려진 인물이 해밀턴이다.

참고로 미국 건국 초기 정치인들이 연방은행 설립에 반대했던 이유는 사회주의에 반대하는 경향 때문이었다. 당시는 자유주의가 강력한 시절이라 정부가 시장에 개입하는 모든 행위를 사회주의적인 것으로 여겼다. 지금 국책은행을 사회주의 요물이라 비난하는 사람이 있다면 이상한 사람 취급받지 않을까. 인류 역사가 어떤 궤적을 거쳐 발전해왔는지 가늠할 수 있는 사례다.

'특허'는 14세기 영국에서 생겨난 개념이다. 하지만 지적 재산권이라는 인식을 헌법에까지 명시하고 세계에서 가장 강력하게 특허권을 보장한 국가는 자타공인 미국이다. 지적 생산물에 대한 권리를 국가가 나서서 철저하게 지켜준 것이 오늘날 미국을 성공으로 이끈 강력한 배경 가운데 하나가 되었다.

소련이 인공위성을 발사하자 미국 사회는 큰 충격에 빠졌다. 그래서 만든 것이 미국 항공우주국NASA이다. 케네디는 앞으로 10년 안에 달나라에 사람을 보내겠다고 공언했다. 과학 기술에 대한 투자를 마셜 플랜을 실행하던 때보다 더 많이 쏟아부었다. 연인원 30만 명의 과학자를 달 탐사에 동원했다. 달에 사람을 보내는 것이 과학적으로 무슨 의미가 있느냐, 국가 예산 낭비에 불과하다는 지적까지 있었지만 꾸준히 아폴로 프로젝트를 밀어붙였다. 1969년부터 1972년까지 여섯 차례에 걸쳐 미국은 (달리 말하면 인류는) 달에 사람을 보냈다. 그러는 동안 탄생한 기술이 GPS, 위성 통신, 메모리폼, 귀 체온계, 냉동건조식품, 선글라스, 무선 청소기, 라식 수술 등이다. NASA가 기술을 개발해 관련 특허를 직접 상업용으로 판매하기도 하고, NASA에서 연구 과정에 참여했던 과학자들이 기존 기술을 응용해 산업용으로 접목하기도 했으며, NASA와 기업이 계약을 맺고 공동 개발을 하기도 했다. 1976년 이래로 NASA 파생 기술을 통해 출시된 상품만 1800여 건에 이른다. 기술 특허에 관한 한 미국은 전무후무한 국가가 되었다. 지금 우리가 아무리 반도체 생산 1등 국가를 운운하고 있어도, 원천 기술 특허에 있어서는 미국을 배제하고는 한 발짝도 나아갈 수 없는 형편이다. 경제적으로도 미국과 관계를 밀접히 해야 할 이유가 여기에 있다.

할리우드와 라스베이거스의 역사를 살펴보아도 미국에 감탄하지 않을 수 없다. 원래 미국 영화의 중심지는 뉴욕이었다. 당시 영화 산업의 지배자는 영사기를 개발한 발명왕 토머스 에디슨이었다. 미국이 특허권을 존중하는 국가인 것은 좋은데, 에디슨은 자신이 갖고 있는 권리를 이용해 필름 판매권까지 독점하면서 시장을 완전히 장악하려고 들었다. 영화산업이 정상적인 발전을 이룰 수 없는 지경에 이르렀다. 그러자 일군의 영화인들이 뉴욕의 법적 영향력이 미치지 않은 곳을 찾아 떠나게 된 지역이 뉴욕 반대편에 있는 도시 로스앤젤레스다. 로스앤젤레스에서 10킬로미터 떨어진 농촌 마을 할리우드에 자리 잡았다. 햇볕이 좋아 영화를 찍기에 안성맞춤이었다고 한다.

영화인들이 처음 도착했을 때 할리우드 인구는 달랑 900명 정도였다. 그런 마을을 영화로 특화된 세계적인 도시로 성장시켰다. 언덕 위에 달랑 '할리우드' 간판 하나 세워놓고 시작한 일이었다. 거기서 20세기 문화 산업이 융성하고, 자본주의가 오락과 문화로 사회주의 국가 인민들을 교란시키는 의도치 않은 결과까지 낳았다. 미국은 정치·경제·문화 모든 면에서 세계를 압도하는 패권 국가가 되었다.

라스베이거스는 원래 사막 한가운데 있는, 열차에 물을 공급하는 중간 기착지 정도 역할을 하는 마을이었다. 인구는 몇천 명 수준이었다. 루스벨트 대통령이 대공황 타개를 위해 후버댐을 만들고 도박 산업까지 용인하면서 개발에 착수한 곳이 라스베이거스다. 처음에는 단순한 도박으로 시작했으나 대규모 관광 휴양 도시로 성장했고 지금은 컨벤션 산업이 무려 60퍼센트를 차지하는 새로운 도시가 되었다. 무에서 유를 창조하고, 진화에 진화를 거듭한 것이다.

　이러니 온통 미국을 찬양하는 내용이 되었지만 20세기에 미국이 못된 짓을 많이 한 것도 사실이다. 가장 큰 문제는 스스로 민주 국가를 지향했으면서도 세계를 향해서는 이율배반적인 행위를 일삼았던 점이다. 단순히 자본주의 진영의 테두리 안에 있다는 이유만으로 제3세계 국가들의 군사 독재 정권을 용인했다. 우리나라도 그런 역사를 거쳐온 국가 가운데 하나 아닌가. 오죽했으면 친미 국가는 모두 왕정이거나 독재 국가이고, 자유선거를 실시하면 다들 반미 국가가 된다고 탄식했겠나.

　미국은 기본적으로 제국의 얼굴을 하고 있는 국가다. 6·25 전쟁 때 미국의 도움이 없었으면 오늘의 우리는 없었을 테지만 미국이 순수하게 자유와 민주를 지키기 위해 우리를 도왔던 것만은 아니다. 세상 모든 일에는 빛과 그림자가 함께 존재하기 마련이다. 일면만 보고 '키다리 아저씨'처럼 칭송하는 것도 우습고, 미국을 모든 악의 근원이라 바라보는 시각 또한 유치하다. 이쪽이나 저쪽이나 세상을 지나치게 단순하게 바라본다는 측면에서는 공통점을 갖는다. 미국은 장점이 많은 반면 단점도 많은 국가다. 미국에서 성공한 정책이라고 다른 나라에서 통용된다는 보장은 없다. 미국에서 실패한 정책 가운데 오히려 반면교사로 삼아야 대목이 많다. 어떤 정책이든 각 나라의 역사적 배경과 문화, 사회적 토양 가운데 성공하고 실패하는 법이다.

관념은 인간을 너무 들뜨게 하거나 자기 운명을 스스로 망치게 만든다. 20세기 역사가 그것을 또렷이 보여준다. 사회주의에 들떴던 사람들도 문제지만 20세기를 고스란히 '자본주의 승리의 역사'라고만 바라보는 사람도 그에 못지않게 선택적 기억을 일삼는 사람들이다. 역사를 균형 있게 보고 극단의 시대를 넘어서는 사고를 지녀야 우리는 비로소 21세기를 살고 있다고 말할 수 있을 것이다.

◇◇◇

노무현 대통령이 취임하고 나는 국정상황실장직을 맡지 않으려 했다. 좀 엉뚱한 이야기로 들리겠지만 뉴욕에 사무실을 차리려 했다. 세계 자본이 움직이는 도시 뉴욕에 연구센터 같은 기관을 설립해 세계 경제를 연구하고 한국의 상황을 알리는 역할을 하고 싶었다. 내가 센터장으로 가 있으려고 했다. 구상을 실행에 옮기기도 했다. 기재부, 교육부, 외교부 등이 각자 어느 부서 소관인지 다투다 진행이 지체되었는데, 그러다 상황실장 자리에서 빠져나오지 못했고, 이라크 파병이니 한미 FTA니 하는 굵직한 사안들이 지나가면서 청와대 안에 발목이 잡히고 말았다. 그러던 중 내가 대통령의 눈과 귀를 가린다는 투서가 몇 군데에서 날아왔다. 내 처신이 분명치 않았을 수 있고, 시샘하는 사람이 많을 때였다. 어느 날 아침 일찍 대통령을 찾아가 만나 뵈었다. 취임 이래 처음으로 독대를 청했다. 사표를 제출했다.

대통령과 말씀을 나누고 있으려니 여사님이 들어오셨다. 언뜻 대화를 듣고는 "광재 씨가 미국에 간다고 할 때 보내주었어야 했는데" 하며 안타까워하셨다. 대통령은 "원래 자네 자리는 욕먹는 자리"라며 "욕먹는 것을 두려워 말라"라는 말씀으로 처음에는 사표를 반려했다.

어찌 되었든 이래저래 과정을 거쳐 사표는 수리되었다. 오대산 상원사에 갔다. 며칠간 절에 머무르며 모처럼 한가로운 시간을 보냈다. 미국으로 떠나겠다는 생각을 굳혔다. 산에서 내려가려는데 주지 스님이 보자고 불렀다. 내 결심을 말씀드렸더니 외국으로 가지 마라, 그래보았자 대통령 측근이라면서 또 기자들이 붙어 다닐 것 아니냐, 이왕 이렇게 된 것, 정치를 제대로 해보는 것은 어떻겠느냐고 권하셨다. 말씀을 들어보니 그 말씀도 맞는 것 같았다. 늘 참모로만 있었지 선수로 나선 적은 없었다. 곧 있으면 총선인데, 당선되면 정치를 하는 것이고, 낙선하면 오히려 홀가분한(?) 일 아니겠느냐. 내 운명을 시험해보고 싶었다. 솔직히 그래서 첫 국회의원 선거에 뛰어들었다. 누군가를 주인공으로 만들기 위해서가 아니라 내가 주인공으로 나선 첫 선거였다.

　　청와대 상황실장을 하던 때의 일이다. 제임스 켈리 미국 국무부 차관보가 북한에 갔다가 돌아와 노무현 대통령에게 하는 말을 들어보니 미국·중국·러시아·일본 문제를 풀지 않고서는 남북 문제를 풀 수 없겠다는 생각이 들었다. 한편으로 우리나라는 남북 문제를 풀지 않고서는 어떤 문제도 궁극적으로 풀 수 없다는 사실 또한 새삼 깨달았다. 북한·미국·중국·러시아 어느 하나하고만 틀어져도 이룰 수 없는 고차함수를 풀어야 하는 일이다.

나중에 펜타곤에도 가고 미국 국무부에도 가보았다. 콜린 파월 국무장관을 만났더니 크리스토퍼 힐이 곧 한국 대사로 갈 테니 그와 많은 이야기를 해보라고 당부했다. 묘한 기분이 드는 말이었다. 미국 국무부에 도착했더니 한반도 담당 부서는 가도 가도 보이지 않는 구석에 있더라. 복도를 지나는 길에 국무부 직원들 책상 위를 힐끔 살폈다. 기모노 입은 게이샤 인형이 놓여 있는 책상이 많았다. 우리의 위상이 이거로구나 싶었다.

◇◇◇

정치권에 있다 보니 "대한민국이 세계 질서 재편의 주역이 되어야 한다"라거나 "동북아 중심 국가가 되어야 한다"라는 말을 줄곧 듣는다. 나도 그러한 구상의 취지에 동의하고, 남보다 웅대한 포부마저 지니고 있다. 남북으로 분단되어 있으니 우리는 사실상 반도 국가가 아니라 '섬'이다. 그런 운명을 극복하고 대륙 국가로 나아가는 것이 궁극적으로 우리가 성장할 길이다. 반면, 완연한 해양 국가가 되어야 한다. 광개토대왕, 장보고, 이순신 프로젝트를 동시에 추진해야 한다.

먼저 광개토 프로젝트. 남북 문제를 풀어야 한다. 그 길을 열어야 유라시아와 넓은 대륙으로 나아가는 길이 열린다. 중국 역사를 보면 동북을 평정하고 지배한 자가 결국 천하를 얻었다. 그런 동북에 휩쓸리느냐, 우리만의 길을 찾느냐 하는 것은 민족의 생존과 관련된 문제다. 그러려면 중국을 단순히 적대시해서도, 중국과 북한이 밀착하게 만들어서도, 한편 중국에 지나치게 종속적이어서도 안 된다. 틈을 뚫고 들어가려는 부단한 노력을 멈추지 말아야 한다. 단순무식함이 아니라 외교적 영민함이 필요하다.

다음으로 장보고 프로젝트. 광개토가 군사 안보 영역에서 대한민국을 확장하는 프로젝트라면 장보고는 경제 영토를 세계로 넓혀가는 일이다. 장보고 장군이 청해진을 설치했던 것처럼 경제 자유 구역을 넓히고, 관세 동맹 같은 협력 체계를 확대해야 한다. 모든 것을 국익의 관점에서 바라보아야 한다.

마지막으로 이순신 프로젝트. 바다를 지배하는 자가 세계를 지배한다. 항공, 통신, 데이터, 에너지를 지배하는 자가 세상을 지배한다. 우리나라가 장기적으로 성공하고 성장을 지속할 수 있는 길은 '사실상 섬나라'의 지리적 여건을 극복하고 해양 국가로 거듭나는 것이다. 해양 거점 국가로 나아가는 웅대한 구상을 그려야 한다. 우리는 그러한 외교 전략을 세워 놓고 있는가?요즘 이른바 '신냉전'을 이야기한다. 20세기처럼 세상을 양측으로 갈라놓고, 둘 중 하나에 바싹 밀착해야 우리가 살아남을 수 있을 것처럼 이야기하는 사람들이 적지 않다. 하지만 이데올로기의 시대와 '국익의 시대'가 과연 같다고 볼 수 있을까? 지금은 이데올로기의 시대가 아니라 국익의 시대다. 사실은 20세기 이데올로기 대립마저 허구적인 부분이 많았는데, 그것을 21세기로 끌어와 낡은 이데올로기의 대립 구도를 얼기설기 엮어내려는 사람들을 보면 한심함을 넘어 위험함을 느낀다. 나라를 대체 어떻게 만들려고 저러는 걸까? 풋내가 난다.

열무에서 풋내가 나는 이유를 알아야 맛있는 열무김치를 담글 수 있는 것처럼, 원인을 알아야 해답을 찾는다.

지금의 냉전(처럼 보이는 현상)은 이데올로기의 대립이 아니다. 정의와 불의의 대립도 아니다. 그럼 무엇을 위한 대립이고 전쟁일까? 외형으로 보아서는 전통 패권과 신흥 패권의 경쟁으로 보인다. 신흥 강국이 부상하면 기존 강대국은 당연히 이를 견제한다. 그러는 과정에 전쟁이 발생한다는 이론이 이른바 투키디데스의 함정Thucydides Trap 이다. 그렇다면 투키디데스의 함정은 어느 시대에나 들어맞는 이론인가? 예외가 있을 수도 있지 않을까? 나아가 기존 강대국이 이길지, 신흥 강대국이 이길지, 혹은 양쪽이 화해하거나 심지어 연합할지 아무도 확실할 수 없는 상황에서 어느 한쪽에 지나치게 밀착하는 것은 과연 올바른 선택일까? 어차피 전쟁은 이익을 정의로 포장하는 극도의 정치적 행위다. 이해 관계를 감추기 위해 이쪽은 정의, 저쪽은 불의로 갈라 세우는 식인데, 우리는 지나치게 순진하게 한쪽만을 정의라고 착각하면서 다른 한쪽을 악마화하는 선동에 휩쓸리고 있는 것은 아닐까? 그러한 대립과 경쟁에 있어 어느 일방의 잘잘못을 따지는 것은 과연 어떤 의미가 있을까? 이런 제반의 문제들을 두루 냉정하게 살펴볼 시점에 있다. 생각의 힘을 키워야 한다. 생각을 멈추고 '무조건 저기!'라며 나아가는 순간, 우리는 정상적 인간이 아니게 된다.

모든 것을 국익의 관점에서 보아야 한다. 특정한 분위기에 휩쓸리기 시작하면 어느 순간 이성은 사라지고, 적과 아, 동지와 원수, 흑과 백의 관점으로만 세상을 바라보게 된다. 우리는 지금 차분하고 냉정하게 세상을 살피고 있는가?

‒ ‒ ‒

    이란에 여행했을 때 일이다. 북부 아르다빌이라는 아름다운 도시에서 저녁을 먹는데 강물에 불빛이 비치는 풍경이 무척 신비로웠다. 물과 불이 만나니 경이롭구나 새삼스레 감탄했다. 석양이 아름다운 까닭은 낮과 밤이 만나기 때문 아닐까. 일출이 아름다운 까닭은 밤과 아침이 만나기 때문 아닐까. 모든 것은 만나면 아름다워진다. 나무와 쇠(현)가 만나 피아노가 되고 바이올린이 된다. 다양한 악기들이 모여 오케스트라라는 웅장한 에너지를 이룬다. 선과 악을 명확히 구분한, 인류 역사상 가장 오래된 유일신 종교라 일컫는 조로아스터교가 태어난 지역이 페르시아, 지금의 이란이다. 그런 곳에서 새삼 선과 악, 흑과 백, 정의와 불의의 이분법에 대해 돌아보았다.

    세계적인 도시나 제국의 역사를 살펴보면 이민족 가운데 뛰어난 사람이 황제가 되었을 때 공동체가 가장 흥성했다. 다섯 명의 위대한 황제가 잇따라 집권했다는 로마 5현제 시대의 황제들은 모두 이민족 출신이었다. 이민족을 멸시하지 않고 아래로부터 통합을 이루었을 때 로마는 위대한 제국이 되었다. 통합을 저주하고 경멸했을 때 로마는 패망했다.

오랫동안 혁신을 연구하며 내가 내린 결론이 있다. 결국 다양성이 많은 국가에서 혁신이 일어나기 마련이라는 사실이다. 로마가 그랬고, 페르시아가 그랬고, 춘추 시대 중국이 그랬고, 현대 미국이 그랬다. 또 혁신은 중심부에서 일어나는 것이 아니라 경계에서 촉발했다. 주변을 중심으로 끌어들이는 통합의 과정을 통해 혁신은 단단해진다. 통합은 이질적 요소들이 어물쩍 어울리는 것이 아니라 각각의 에너지가 다양성 가운데 만나 이루어내는 변화다. 내가 화학을 좋아했던 이유가 바로 거기에 있다. 촉매가 통합을 촉진한다. 통합을 추구해야 사회가 비약적으로 전환한다. 우리는 촉매가 되어야 한다. 지금 우리 사회의 변화를 이끌 촉매는 무엇일까?

역사학자 강만길 교수를 강원도 양양 바닷가에서 만난 적이 있다. 해변을 걷다 "역사는 무엇입니까?"라고 느닷없는 질문을 던졌다. 교수님이 잠시 발걸음을 멈추었다. 모래 위에 천천히 글씨를 썼다. 史. 무슨 뜻일까? 곰곰이 생각했다. 교수님이 말씀하셨다. "史 가운데 사람이 있지요? 바로 그것이 역사입니다."

중용이나 중도는 비겁하고 색깔이 없다고 말하는 목소리가 있다. 하지만 진보와 보수가 합의에 이르러야 이룰 수 있는 가치가 중용이고 중도다. 적당히 중간을 선택하는 것이 아니라 사람을 중심에 둘 때, 비로소 우리는 진정한 중용의 역사를 이룰 수 있을 것이다.

신냉전을 운운하는 시대에 역사의 의미를 되짚는다. 사람의 가치를 돌아본다. 원인을 알아야 해답을 찾을 수 있는 것들을 생각한다. 뉴욕에서 열무김치와 오이소박이를 담그고 있었을 엉뚱함의 에너지를 이제 대한민국의 미래를 위해 쏟고 싶다. 극단의 시대를 넘어, 이제는 함께 먹고살아야 한다.

나의 온리 원 레시피

《멀티 팩터》라는 책이 있다. 경제와 비즈니스 분야로 글 쓰고 강연하고 방송하는 김영준 작가의 책으로, 제목 그대로 '복합적 요인'에 대한 책이다. 무엇에 대한 복합 요인인가. 우리가 흔히 승승장구하는 기업, 성공한 기업인에 대해 다룰 때 성공의 요인으로 알려졌던 것들에 대해 다룬다. 예컨대 열심히 노력해 오늘에 이르렀다거나, 브랜드 이미지 관리를 잘했다거나, 경기 변화를 잘 예측했다거나 하는 '알려졌던 것들'의 이면에 숨어 있는 다채로운 배경에 대해 소개한다. 저자의 결론은 간단하다. 성공에 정답은 없다. 단일 요인으로 이루어지지 않았다. 다 '멀티 팩터'가 있었다. 너무 뻔한 말 아닌가 싶겠지만 우리는 뻔한 것을 흔히 놓친다. 저자는 책에서 그런 것들을 건드린다.

세상 많은 일이 엇비슷하지 않을까. 싱글single로 이루어진 것은 없다. 지금 우리가 이렇게 살게 된 배경에도 여러 요인이 복잡하게 얽혀 있다. 성장으로만 성공을 이룬 나라는 없고, 복지로만 성공을 이룬 나라도 없다. 어느 한쪽을 일방적으로 추앙하면서 이것만이 옳다고는 말할 수 없다. 다만 정치의 역할을 생각하면 당면해 우리가 어느 쪽에 무게 중심을 두어야 하는지는 명확해진다. 지도자의 역할은 그러한 시대정신과 국민의 요구를 잘 파악하고 사회를 조화롭게 이끌어가는 것이다.

◇◇◇

정직하고 성실하게 살았다고 자신했지만 돌아보면 나는 흠결이 많은 사람이었다. 비교적 이른 나이에 권력의 핵심에 이르렀으니, 그때에는 제대로 준비되지 않은 점도 많았고,

처음 접하는 상황에 당황하는 경우 또한 있었다. 그러다 보니 이런저런 실수를 했다. '다시 그때로 돌아간다면⋯' 하면서 한숨을 내쉬곤 한다.

그동안 정치를 하며 내가 반성하는 지점은 크게 세 가지다. 첫째, 국가주의. 나라의 발전을 위해서는 무엇이든 하겠다는 각오로 살았다. 그러다 보니 국가에 먼저 눈을 돌렸고, 일자리, 주택, 교육, 보육, 노후 안정 등은 국민 개인의 몫으로 미루어두는 경향은 없었는지 반성한다.

둘째, 민주주의. 특히 권력 기관 개혁에 대해 후회하고 반성한다. 흔히 4대 권력 기관으로 검찰, 경찰, 국가정보원, 국세청을 꼽는다. 그 가운데 경찰, 국정원, 국세청에 대한 개혁은 어느 정도 이루어진 것 같다. 하지만 검찰 개혁은 갈 길이 요원하다. 오만과 기득권의 뿌리가 그토록 깊을 줄은 몰랐고, 조금은 안이했다. 노무현 대통령은 자신이 검찰 권력을 이용하지만 않으면 된다고 생각했다. 대연정도 그런 인식 가운데 나온 제안이었다. 긴 시간이 흘러 이제는 특단의 대책이 필요하지 않을까 생각한다. 검찰의 검을 이용한 피의 보복은 멈추어야 한다.

셋째, 외교. 미국·중국·일본·러시아 모두와 잘 지내야 한다. 이 부분에는 약간의 항변(?)이 필요할 것 같다. 참여 정부 시절 나는 한미 FTA를 주장해 관철했다. 새로운 한미동맹을 만들고자 노력했다. 이를 두고 친미주의라고 한다면, 나는 친미다. 한중 경제 협력은 중요하다. 오랜 기간 나는 중국 지도자들과 교류했다. 여야를 가리지 않고 중국 쪽과 다리를 놓아 주었다. 이를 두고 친중주의라고 한다면, 나는 친중이다. 일본과는 미래 지향적 협력이 필요하다. 양국은 에너지 90퍼센트 이상을 수입한다. 에너지 협력 등을 위해 나는 일본 정치인과도 가깝게 사귀었다. 외교의 기본은 친구를 극대화하고 적을 만들지 않는 것 아닐까. 이는 반성하는 지점이자, 새롭게 다짐하는 대목이기도 하다.

◇◇◇

음식을 만들고 즐기는 일은 정치와 잇닿아 있는 부분이

많다. 다양한 식재료가 어울려 한 접시의 요리가 만들어지는 것처럼 정치 또한 그렇다. 다양성이 사라지는 순간, 우리는 그저 날것만 먹어야 했던 수백만 년 전 원시 시대로 돌아가는 것이다.

요리를 잘하는 사람은 만드는 과정을 즐기기도 하지만 자신이 만든 요리를 맛있게 먹고 있는 가족이나 친구, 애인, 손님의 표정에서 최상의 만족을 느낀다. 진정한 정치인이라면 그러한 요리사의 심정으로 살아야 하지 않을까. 과거를 반성적으로 성찰하고, 현재를 직시하며, 미래에 대한 낙관을 잃지 않아야 한다. 국민의 행복에서 자신의 행복을 찾는다. 뛰어난 요리사가 능력을 과신하지 않고 날마다 새로운 요리를 만든다는 생각으로 조리대 앞에 서는 것처럼 정치인 또한 그래야 할 것이다.

지난날을 돌아본다.《광복 20년》을 읽으며 가슴이 두근거렸던 중학 시절, 민주주의를 위해서는 감옥도 죽음도 두렵지 않다는 신념에 넘쳤던 대학 시절을 돌아본다. 노무현 변호사를 처음 만났던 날을 어제처럼 기억한다. 보좌진이라는 명찰을 달고 처음 노무현 의원실에 들어갔던 날, 그리고 국민이 주신 국회의원 배지를 처음 받아 옷깃에 달았던 날을 떠올린다. 영광과 고통의 낮과 밤을 잇달아 떠올린다. 다시 일어서기 위해 분투했던 시간, 끝까지 믿고 지지해주었던 분들, 지금도 곁에 있는 소중한 사람들의 얼굴을 마음으로 껴안는다.

세상이 '멀티 팩터'인 만큼 나 또한 평면으로 살지 않았다. 입체로 살았고 울퉁불퉁 살았다. 다만 분명한 '온리 원only one'이 있다. 요리에 다양한 레시피가 있는 것처럼 정치에도 다양한 레시피가 있지만, 내가 끝내 고집하는 온리 원 레시피가 있다. 첫 마음을 잃지 않겠다는 다짐. 역사를 배신하지 않으려 나 자신에게 단호했던 것처럼 국민을 배신하지 않겠다는 레시피.

골목에 다다르면 길이 끝난 것처럼 보이지만 모퉁이를 돌면 또 다른 길이 나온다. 길이 없으면 길을 만들면 된다.

같이 식사합시다

초판 1쇄 인쇄일 2023년 11월 10일
초판 1쇄 발행일 2023년 11월 24일
초판 2쇄 발행일 2023년 12월 14일

지은이 이광재

발행인 윤호권
사업총괄 정유한

편집 임채혁 **디자인** 이재호 **마케팅** 윤아림
발행처 ㈜시공사 **주소** 서울시 성동구 상원1길 22, 7-8층(우편번호 04779)
대표전화 02-3486-6877 **팩스(주문)** 02-585-1755
홈페이지 www.sigongsa.com / www.sigongjunior.com

ISBN 979-11-7125-065-3 03300

*시공사는 시공간을 넘는 무한한 콘텐츠 세상을 만듭니다.
*시공사는 더 나은 내일을 함께 만들 여러분의 소중한 의견을 기다립니다.
*잘못 만들어진 책은 구입하신 곳에서 바꾸어 드립니다.

WEPUB 원스톱 출판 투고 플랫폼 '위펍' __wepub.kr
위펍은 다양한 콘텐츠 발굴과 확장의 기회를 높여주는
시공사의 출판IP 투고·매칭 플랫폼입니다.